MI COLECCIÓN

La Ruta del Placer
Vinos y Licores

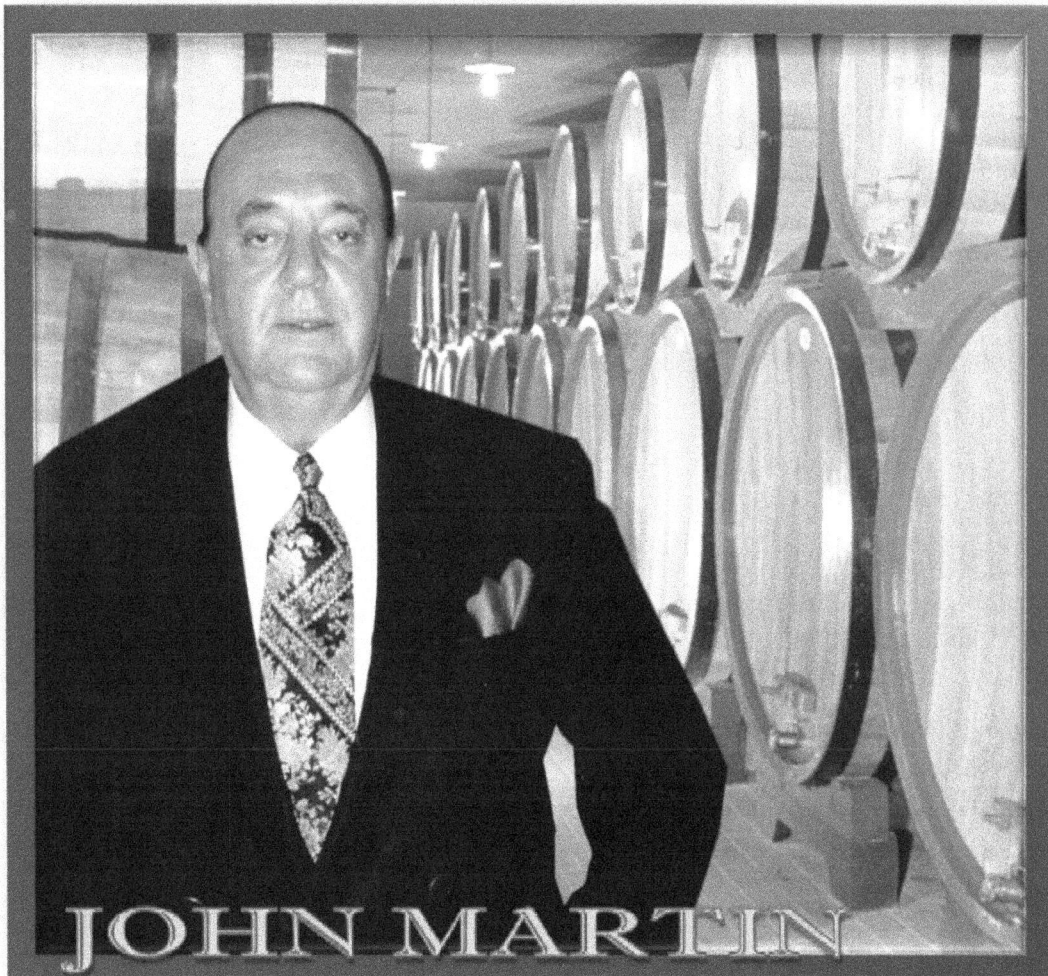

JOHN MARTIN

Editorial Printed Fine Arts
ISBN-13: 978-0692459829
ISBN-10: 0692459820
Florida. 305-244-6072

Dedicatoria

Para mi amada Vicky, esposa única y gran artista.

Mi inspiración para sumergirme en *"La Ruta del Placer"*.

Tuyo, JOHN

Vinos y Licores
Mi Colección
"La Ruta del Placer"

Prólogo

El Mundo del Vino y los Espíritus es un universo de sensaciones, tanto físicas como mentales, que influyen positivamente en la vida de todos.

El libro que van a comenzar a leer explica ampliamente, en esta gran colección de ensayos, su procedencia y elaboración. Como John nos expone brillantemente, Vinos en particular y Licores en general, forman parte de una vida llena de buena salud y alegría sin límites si no existe un abuso crónico que nos llevaría al padecimiento de peligrosas enfermedades,

Los Cinco Continentes son productores de Vinos y Espíritus de diferentes estilos.

Sin duda alguna son los mejores acompañantes de la comida diaria, banquetes y celebraciones de todo tipo, debido a sus inspiradores aromas y exóticos sabores.

Todas las preguntas que tengan los lectores serán satisfechas por el Autor.

John Martin es ya, por más de diecisiete años, el brillante Editor de Vinos y Licores de la **Revista SELECTA** y también colabora en **CASALIFE** *Magazine*, subsidiaria de SELECTA, vertiendo sus certeros conocimientos sobre el "Mundo del Vino y los Espíritus".

Abra la puerta y adelante!

Michael Bulnes. Presidente.

Revista SELECTA

EL COMIENZO DE "LA RUTA DEL PLACER"

Es un hecho indiscutible que el conocimiento sobre Vinos y Espíritus, aunque sea en un aspecto general, es imprescindible poseerlo para desenvolverse apropiadamente en la Vida Social de hoy, tanto en los eventos corporativos como en las celebraciones sociales.

En resumen, debemos de desarrollar la habilidad para poder escoger los vinos y licores concordantes con menús de almuerzos, *brunches*, cocktail parties, comidas familiares, veladas de estilo clásico o exótico y Cenas de Gran Gala. No olvidemos tampoco la importancia de poder responder apropiadamente preguntas de nuestros invitados o compañeros de evento. Esta va a ser la tarea!

Es digno de mencionarse como el Vino y los Espíritus captan nuestros *cinco sentidos*:

"La Vista" nos permite apreciar el Color, anticipando la pureza del método. *"El Olfato"* proporciona el Aroma y nos indica si el producto está terminado y listo para catarlo. *"El Gusto"* reafirma la impresión del olfato al principio y, después crea una circulación redonda en la boca, nos descubre el Bouquet, impregnando de nuevo el área nasal, enviando un mandato al cerebro fundamentado en la comparación con la despensa del subconsciente, donde están almacenadas todas las impresiones previas sobre el tipo de vino o espíritu degustado. *"El Tacto",* quizá inadvertido, reside en la ligereza, finura y transparencia del cristal que transporta el néctar y para *"El Oído"* se creó el "Brindis", gesto de amor y amistad al darnos el *"chin-chin"* de un fino Bacarract".

$\mathcal{L}$OS ROTHSCHILD

El más notorio conglomerado financiero europeo reconocido mundialmente dentro de la industria vitivinícola.

En 1743, en la ciudad de Frankfurt, vio la luz por primera vez Mayer Anselm Rothschild, fundador de una dinastía reconocida universalmente por la inmensa contribución económica, política y social a la historia de numerosos países a través del mundo.

El éxito financiero y social de la Casa de los Rothschild (Escudo Rojo en español) se debe a un simple principio: la estrecha armonía familiar. Desde las Guerras Napoleónicas de los mil ochocientos, período de eminencia histórica para la Dinastía, hasta el Wall Street de hoy, los Rothschild han sido un ejemplo de solidez económica y visión socio-política.

Mayer y sus cinco hijos, Anselm, Solomon, Nathaniel (el genio financiero de la familia) Karl y James se encargaron de solidificar su influencia en la banca mundial estableciéndose en Frankfurt, Viena, Londres, Nápoles y París respectivamente. Todos ellos fueron nombrados Barones por la Corona de Austria, formando parte así de la aristocracia europea.

Meteóricamente sus inversiones se extendieron más allá de la banca abarcando diversas empresas, entre ellas la agricultura. En 1868 el Barón James de Rothschild, gran amante del vino, adquirió las 100 hectáreas de viñedo más famosas del mundo. Château Lafite, en Pauillac James tenía sus ojos puestos en Lafite desde 1855, año en que este vino sin par fue proclamado el *"premier des premiers grand crus"* de Médoc. Con la compra de Lafite los Rothschild entraron por la puerta grande encabezando la aristocracia vitivinícola.

Dominio Lafite Rothschild: 100 años antes de este sucedido, el Cardenal Richelieu, Primer Ministro de Luis XV, consultó con su médico de cabecera sobre el estado de su salud debido a un largo viaje que iba a emprender. El doctor le prescribió el vino de Château Lafite como el mejor y más agradable de los tónicos. A su regreso, Luis XV le comentó a Richelieu que su apariencia era la de un hombre 25 años más joven, a lo que el Cardenal respondió: "Su Majestad ignora que he encontrado la famosa Fuente de la Juventud. He descubierto que el vino de Château Lafite es un cordial generoso, delicioso y comparable a la Ambrosía de los Dioses del Olympo". Al probarlo el Rey lo declaró el vino oficial de Versailles contando con la aprobación de Madame Pompadour y Madame du Barry.

El más beneficiado fue el propietario de los viñedos, Alexandre de Segur, conocido por el sobrenombre de "el Príncipe de las Viñas".

En la actualidad Château Lafite Rothschild, gracias a la óptima calidad de su *terroir* plantado con las clásicas cepas de Médoc, **Cabernet Sauvignon (70%)**, **Merlot (25%)**, **Cabernet Franc (3%) y Pétit Verdot (2%)**, sigue siendo el vino más codiciado del mundo. Un producto perfumado, brillante y caballeresco con propiedad de largo añejamiento.

El Dominio, dirigido actualmente por el Barón Eric de Rothschild, produce y controla también una selección de elegantes vinos de alta calidad: Carruades de Lafite y Château Duhart-Milon (Pauillac), Château Peyre-Lebade (Haut-Médoc), Château L'Evangile (Pomerol), Château Rieussec (Sauternes), Quinta do Carmo (Alentejo Portugués), Los Vascos (Chile) Catena (Argentina), Echelon (Costa de California), Acacia (Napa en California), Canoe Ridge (Washington State), Ruppert-Rothschild (South Africa) y Tyrrell's (Australia).

En el negocio del vino hoy en día Los Rothschild han conquistado cuatro de los cinco Continentes. Mouton Rothschild: La propiedad original llamada Brane Mouton en el municipio de Pauillac, 30 millas al noroeste de Bordeaux, fue adquirida en 1853 por el Barón Nathaniel de Rothschild, director de la rama inglesa de los negocios familiares, y la renombró Mouton Rothschild combinando dos portentos. El de la fructífera tierra de los viñedos del Médoc y el espíritu de una familia famosa por su éxito y sofisticación. Sin embargo no hubo una vigorosa intervención por parte de sus miembros hasta 1922 en que un

10

joven de 20 años, biznieto de Nathaniel, enamorado de su posición social y sus viñedos, tomó en sus manos el futuro de Mouton. He was Philippe de Rothschild.

Contrariamente al tradicionalismo de Lafite, Philippe aparece como un innovador con su Mouton. De joven visionario se convierte en corto tiempo en un maestro de la producción y la difusión. Sus ideas revolucionan el mercado al inventar el embotellado en el mismo Château, sistema que fue desde entonces adoptado por la mayoría de las bodegas de renombre, dando a sus vinos un aire de prestigio familiar.

Concibe audazmente el ensamblar varios tipos de vinos creando así la primera marca de denominación *Bordeaux*, Mouton Cadet. Transforma el etiquetado recurriendo a los artistas más grandes de su tiempo para ilustrar las de su insuperable Château Mouton Rothschild.

Philippe es el primer vinicultor europeo que, en asociación con Robert Mondavi, elabora en el corazón del valle de Napa el mejor vino de América, *Opus One*, padre del meritage californiano. Hasta su muerte en 1988 siempre siguió la misma norma, un ojo en la tradición y otro en la innovación.

Unos años antes de su muerte, la hija del Barón Philippe de Rothschild, Phillipine, actriz de la Comedia Francesa, abandona los escenarios para unirse a su padre y ayudarlo en su cruzada de superación.

Bajo el espíritu de amparo del Barón, la Baronesa Philippine trabaja actualmente en estrecha colaboración con la Dirección General de Mouton para mantener, modernizar y desarrollar la empresa familiar.

Acompañando el *"Premier cru classé"* Château Mouton Rothschild (Pauillac) la compañía del Barón Phillipe nos ofrece:

Château d'Armailhac
Château Clerc Milon
Le Pétit Mouton (todos de *Pauillac*)
Aile d'Argent (*Bordeaux*)
Château Coutet y La Chartreuse de Coutet *(Sauternes-Barsac)*
Vin Sec Château Coutet *(Graves)*
Mouton Cadet Reserve *(Médoc)*
Mouton Cadet *(Bordeaux)*
Varietales de Cabernet Sauvignon
Merlot, Chardonnay y Sauvignon Blanc (todos del *Pais de Oc)*
Opus One *(California)*
Escudo Rojo *(Chile)* y ciertas selecciones limitadas de vinos bordaleses.

"Mi única ambición es hacer los mejores vinos del mundo". Baron Phillipe de Rothschild.

LA RIOJA Y RIBERA DEL DUERO

Las más insignes Denominaciones de Origen de la España vitivinícola.

Con excepción de ciertas bodegas individuales establecidas en diferentes zonas de la Península Ibérica, el dominio de La Rioja, hasta los 1980s fue la fuente de producción doméstica y distribución internacional de los vinos más nobles de España.

A partir de los comienzos de los 1990s, esta región, pionera en el arte de hacer Vino se tuvo que enfrentar a la competencia de la creciente producción del Nuevo Vino español, procedente de un gran número de diferentes zonas vinícolas. Este fenómeno fue altamente positivo para La Rioja, la cual abrió la puerta a la creatividad y virtuosismo de sus Maestros Bodegueros, presentando actualmente en el Mercado los métodos más avanzados de cultivo y producción vitivinícola. Una gran variedad de nuevas uvas aparte de la tradicional Tempranillo, permitieron mezclas de carácter único.

En 1982 se declaró oficialmente la Denominación de Origen Ribera del Duero, asentada en el corazón de Castilla, el más formidable competidor de La Rioja. Sus vinos más notables, tintos en su mayoría, adolecen de un color excepcionalmente oscuro, son soberbiamente afrutados, de cuerpo robusto y se añejan tanto en roble Americano como francés. La uva más prominente es la Tinta del País o Tinta Fina, equivalentes a la Tempranillo.

Elaboremos sobre dos informativos ejemplos de estas dos regiones, orgullo de la industria vitivinícola española.

***Prado Rey* – Real Sitio de Ventosilla. Ribera del Duero:** Su notoria existencia abarca un largo capítulo de la Historia de España.

En 1503 Isabel La Católica adquirió este monumental predio a nombre de la Corona de Castilla con la finalidad de proporcionar a la Corte un lugar de recreo, esparcimiento y abundante caza mayor.

Las Bodegas *Prado Rey* descansan entre agrestes colinas y robustos viñedos que crecen en tierra abierta en el suelo profundo y arenoso típico de La Ribera del Duero. Don Javier Cremades, uno de los hombres de negocios más ilustres de España, propietario de Ventosilla, afirma: *"En nuestros vinos se encuentran satisfechas las expectativas de sus consumidores, todos amantes de la cultura conocida como El Mundo del Vino".*

Recomendamos: *Crianza –Reserva.* Añejado por un mínimo de 7 años.

Elite – La joya de la colección. Todos los **Prado Rey** se recomiendan con asados, caza, carnes rojas, escabechados y la mayoría de los platos de la cocina moderna ibérica.

Dinastía Vivanco - **La Rioja Alta.** Aquellos que a través de los tiempos han forjado la Historia del Vino han sido caracteres que, en la mayoría de los casos, nos han instruido en técnicas agrícolas y geológicas, mostrándonos los métodos precisos para alcanzar la cumbre de la producción del elixir, fomentando el amor apasionado por el mismo. Pero ¿quiénes han preservado con fervor muestras tangibles de la eterna cultura vinícola? Don Pedro Vivanco, actual Patriarca de su cuarta generación de viticultores riojanos, quien con su Fundación erigió su Museo del Vino, único en el mundo en albergar una rica colección de herramientas antiguas, obras de arte y documentos arcaicos relacionados exclusivamente al Mundo del Vino. Sus 300 hectáreas de viñedo descansan a los pies de la Sierra de Cantabria en La Rioja Alta a las orillas del río Ebro. Aparte de sus vinos *Dinastía Vivanco,* la familia es propietaria de varias otras bodegas riojanas, entre ellas *Carlos Serres, Castillo de Clavijo* y *Criadores de Rioja.*

Deben de probar: **Crianza 2001 -** 100% Tempranillo. Color violáceo brillante y profundo. Intenso aroma de fruta madura, vainilla y especias. Bouquet tostado con un final persistente y elegante. **Reserva 1998 –** 90% Tempranillo, 10% Graciano. Color cereza con rasgos granates, brillantes y limpio. Gran armonía de nobles taninos. Complejo y elegante con un largo final.

Todos, vinos de gran estilo, distintivos de su tierra y con un gran valor intrínseco.

14

EL VINO Y LA POLITICA INTERNACIONAL

Francia retorna a nuestro Mercado con más vigor y agresividad que nunca

La Historia Universal nos muestra desde tiempos remotos la efectiva existencia del aislamiento comercial como una poderosa arma en las contiendas bélicas, ideológicas o diplomáticas. Si el país "A", de gran influencia política y poderío económico, difiere con el país "B", industrioso y liberal, sobre un argumento de naturaleza política, el país "A", sirviéndose de una ardiente campaña de Relaciones Públicas, pone en movimiento un bloqueo comercial que acarrea una considerable pérdida para el país "B".

El más reciente ejemplo lo hemos presenciado durante los últimos tres años. País "A", Estados Unidos, y Francia, el bloqueado país "B", enfrentándose a un estrepitoso descenso de la exportación de sus productos en el mercado americano. En particular el Vino.

Es de conocimiento general la histórica tradición e inigualable calidad de los vinos franceses, por lo que me inclino a pensar que los reales perdedores han sido los consumidores, que puedo asegurar sin temor a equivocarme, prefieren un Château Lafite a consignas políticas. Este sentimiento se ha reflejado en la exitosa reaparición del vino francés en América, ya distanciada de rencillas intrascendentes. Nota curiosa: *La venta de Champagne ascendió vertiginosamente.*

Ya, de vuelta a la de la normalidad, voy a tener el placer de referir a nuestros lectores los méritos de un vino de Burdeos que ha sido considerado por más de 300 años miembro de la cima vitivinícola francesa: el Grand Cru Classé ***Château Lascombes***, denominación Margaux. La fundación del viñedo, en 1625, se debe al Chevalier Antoine Lascombes. La clasificación de Grand Cru Classé le fue conferida en 1855, hasta que, casi un siglo después, en 1952, la propiedad fue adquirida por una de las autoridades vitivinícolas de más prestigio en la industria: Alexis Lichine. Los viñedos y bodegas fueron totalmente renovadas y reestructuradas causando admiración entre los miembros de la industria vinícola.

En la actualidad, los dueños de **Château Lascombes** y su segundo vino **Chevalier de Lascombes** constituyen un substancial grupo financiero privado de accionistas, encabezado por Sébastien Bazin, principal inversionista de la compañía quien cuenta con un ilustre equipo profesional. Dominique Befve, su Director General, fue parte integrante de los Châteaux Lafite Rothschild y Duhart-Milon, así como Director de las Bodegas del Château L'Evangile, Pomerol. Una empresa moderna, técnicamente avanzada y modelo del nuevo estilo del Médoc que nos presenta el día de hoy en el Mercado sus primeras añadas.

Château Lascombes. Margaux, 2001: Profundo color de mora. Aromas de frutas rojas elegantemente ligadas con el roble. De *bouquet* explosivo con un largo final ligeramente achocolatado.

Château Lascombes. Margaux, 2002: Intenso color que revela la presencia de frutillas del bosque y toques de café tostado. Al degustarlo se percibe un ligero toque de pimienta y sutiles taninos. Poderoso y distinguido ostentando un gran potencial de largo añejamiento.

Chevalier de Lascombes 2001: Un vino para beberlo joven, gozando así de su suavidad y Nuevo Estilo.

Este gran vino volvió para quedarse. Salud!

REALZANDO LA PRESENCIA DEL VINO DENTRO Y FUERA DE LA BOTELLA

Sugerencias dictadas por el arte de presentar y degustar el Buen Vino

El Vaso: Desde que el género humano se integró a la historia antropológica de nuestro planeta, la necesidad de ingerir los fluidos básicos para mantener la perpetuidad de su especie, creó la necesidad de inventar recipientes funcionales que ayudaran a contener los líquidos a consumir. Así aparecieron, desde un período inmemorial, una serie de artefactos rescatados a la Historia entre los que aparecían las ánforas y los vasos de diferentes diseños.

La arcilla y la madera eran las materias primas preferidas por su poder de aislamiento del medio ambiente asegurando su preservación. Hasta que hizo su aparición el cristal.

Vasos y copas datando del año 2200 A.C. se encontraron en áreas diezmadas de Persia y Babilonia, pero lo que no deja duda alguna es el hallazgo de artefactos de cristal en Egipto durante el reinado del Faraón Amenhotep II (1448 A.C.) surgiendo de ahí en adelante la fabricación continuada de recipientes y vasos de cristal. Considerando al Medio Oriente como la cuna documentada del Vino, el uso de este estilo de recipientes sólidos y profusamente decorados, fue adoptado en Egipto y, posteriormente en Grecia y Roma, como la forma ideal de consumirlo.

Claus Riedel, a mediados de los 1600s. abrió las puertas de su fábrica de copas, jarrones y objetos artísticos de cristal en Bohemia, actualmente perteneciente a la República Checa.

Hoy en día, once generaciones después, Maximilian Riedle, CEO de Reidle Crystal, porta el estandarte de la familia presentando al mundo la colección más completa y variada de copas de Vino del más fino cristal y manufactura única. Riedle fue la primera en la industria que descubrió la importancia del diseño de la copa en la degustación específica de cada vino. Ciertos principios geométricos y el soplado artesanal enrollando ligeramente los bordes de la copa, realzan el aroma y el bouquet al máximo. Fabrican diferentes líneas de estilo para su elección.

17

Regalando una botella de Vino o Licor con estilo y consciencia social: Hace apenas tres años, un grupo de amigos graduados en Administración de Negocios en la Universidad de Berkeley, decidieron convencer a los consumidores de que las bolsas de papel de estraza no eran dignas de portar vinos o espíritus de clase, en especial al presentarlos como un regalo fruto del afecto personal.

Con esta filosofía apareció en el Mercado *True Fabrications*, una variedad de más de 150 diseños de bolsas de vino y licores para regalo y transportación, que incluyen cajas de *papier maché* con flores silvestres prensadas del Himalaya, bolsas de cáñamo tejidas a mano, decoradas a todo color y envoltorios de botella estampados de satín y seda. Ténganse también en cuenta que todos los modelos son convenientemente reusables. En el breve tiempo de exitosas operaciones la compañía ha penetrado en 3,000 establecimientos ofreciendo sus productos a través de Norteamérica y pueden encontrarse en 49 de nuestros 50 estados (aparentemente no se bebe mucho en Utah).

En este año se proyectan expansiones a Canadá e Inglaterra. Es una presentación de gran clase y estilo. Para su conveniencia todos los modelos son reusables. Pónganse en contacto con *True Fabrications* vía Internet: **www.truefabric.com.** Adiós a las "brown bags".

El estilo Art Deco no podía faltar. Indicado

Colección de rasgos orientales en satén y seda

WHISKY, EL AGUA DE VIDA DE ESCOCIA

Disfrutado por más de quinientos años es hoy el Espíritu más popular del planeta

Durante los comienzos del siglo X el alquimista árabe Al-Bukassen reveló en sus escritos el proceso de la destilación, el cual viajó hacia los cuatro puntos cardinales. Concebido inicialmente con propósitos medicinales y curativos debido a la aparición del alcohol como fruto del procedimiento, su finalidad cambió de ruta destinando los destilados para su consumición con fines totalmente diferentes.

La destilación en la actualidad presenta al mundo un sinfín de productos que forman parte de la estructura social de la humanidad. Estos "elixires" se extendieron a lo largo del Occidente de Europa desde los tempranos 1400s. Bautizados *Aqua Vitae* en latín, equivalente a *Agua de Vida* en español.

En las Tierras Altas de Gran Bretaña, la tribu de los *Scotts*, de antecedentes prehistóricos y, se cree, emigrados de Irlanda, crearon su propio destilado: el *uisgebeatha*, traducción literal de Aqua Vitae al celta. Pasado el tiempo su nombre fue abreviado al anglicismo *Whisky* en Escocia y *Whiskey* en Irlanda y Estados Unidos.

Escocia, sin duda alguna, es la cuna de este destilado. Una bebida paradójica. Hecha con escasos y humildes ingredientes y, sin embargo, infinitamente variada y a menudo de complejidad increíble. Sabia mezcla de granos coronada por cebada perla malteada es esencial. El whisky de "Malta Única" posee una calidad inigualable. Siempre procesada en alambiques de cobre ligado con un agua de pureza sin igual y dejándola reposar en barrica de roble blanco, abriendo las puertas a un ilimitado añejamiento. Resultado, un cremoso espíritu que se debe degustar mezclado con un toque de agua solamente. Al estilo escocés.

Destilerías domésticas reinaron desde tiempo inmemorial. Era prácticamente imposible no hallar en humildes hogares, castillos nobiliarios, cantimploras de viajantes o en la mochila del guerrero la presencia del whisky casero. Duro, áspero, exageradamente ahumado. La destilación comercial no fue   regulada hasta 1814 en que el gobierno impuso el impuesto a la producción y venta de whisky. Una nueva era comenzó. En la actualidad más de 100 destilerías compiten por la excelencia del Tesoro Nacional.

El ejemplo de tradición y más alta calidad lo aporta un whisky proveniente de Strathisla, número uno en volumen de ventas en el mundo: *The Chivas Regal,* producto de las más celebradas mezclas de maltas escocesas combinadas con finos y suaves whiskies especialmente seleccionados, El sueño de sus fundadores, los *Chivas Brothers* se hizo realidad.

En el mercado mundial del whisky *Chivas 12 year Old* and *Chivas 18 year Old* son los primogénitos de la familia. Dentro de la categoría de whiskies largamente añejados Chivas Brothers nos ofrece *Royal Salute 21 & 51 year Old.*

Chivas 12, como se le llama en el ámbito espirituoso, ostenta un radiante color ámbar y presenta una mezcla maestra de maltas únicas escocesas. Manzana, miel, vainilla y avellana envueltas en una infusión de hierbas silvestres son los aromas más distintivos de este maravilloso whisky escocés añejado por 12 años en barricas de roble blanco americano.

Únanse a la Familia!

VINO Y TAPAS: EL ARTE DE COMER DE PIE

La deliciosa energía que ilumina la noche de los concurridos Bares de Tapas a través de España

El "tablao" flamenco como el ambiente más propicio

Es imposible explicar por qué la mayoría de los acontecimientos más geniales y brillantes de la Historia de la Gastronomía han surgido por accidente, error o casualidad; sin embargo es un hecho apoyado por multitud de ejemplos. El que voy a relatar tiene más de 450 años de historia y proviene de una Cuna Real. Felipe II de la dinastía de los Austrias, « Rey de España por la Gracia de Dios » sostuvo un ecléctico reinado de más de 70 años, lo que le permitió atravesar por multitud de etapas psicológicas durante su larga existencia como Monarca. Una de las costumbres que durante muchos años recreó sobremanera a Su Majestad fue el recorrer frecuentemente de incógnito los colmados y tabernas de Madrid sin escolta alguna, solamente en compañía de su Secretario personal Don Antonio Pérez. Sus incursiones tenían un doble propósito, gozar de un auténtico y vibrante ambiente folclórico saboreando el vino de Castilla y prestar atención con cautela a cuanto comentario surgía a su alrededor, permitiéndole así medir el nivel de lealtad del pueblo español. Una de esas tantas noches, el Rey levantó su vaso de vino para brindar con Don Antonio y, « por accidente, error o casualidad », una mosca ya difunta flotaba en la superficie de su Valdepeñas. Asqueado el Monarca instó a su Secretario a abandonar el lugar de inmediato.

En breve, un Decreto Real ordenó que las cañas de vino fueran servidas en toda España utilizando una « tapa » por razones de higiene. A los dueños de los establecimientos no les cayó muy bien la idea, pero obedecieron sin rechistar. Se cortaron y barnizaron círculos de madera para cumplir la orden, pero no fue del agrado del consumidor ya que se consideraba como una rareza del Rey. Poco tiempo después apareció la creativa solución de los empresarios: lonjas de jamón, embutidos o cualquier otro manjar presentado en pequeñas porciones adornaron la cobertura de la caña de vino dando paso a 'LA PRIMERA TAPA' de la Historia, que quedó instituida hasta el día de hoy, considerándose como una forma de comer y copear con un estilo dinámico, casual y festivo. La familia Ferrer, cuya experiencia vinícola data de varios siglos y son conocidos universalmente como propietarios de la casa de *Cava* Freixenet y otras 12 bodegas en España y California, junto con Gabriel Suberviola, su Maestro Bodeguero por los últimos

16 años, quisieron hacerse eco de esta costumbre milenaria produciendo un vino hecho a la medida del gusto de los millones de « tapeadores » del Mercado Internacional. Su nombre: *Tapeña*, en sus dos variedades, *Tempranillo* y *Garnacha*, provenientes de sus viñedos de la Tierra de Castilla. Esta propiedad en particular carece de las regulaciones de Denominación de Origen, por lo que sus vinos están abiertos a una mayor flexibilidad de producción.

Descripción:

-*Tapeña 2005 – 100% Tempranillo* : Un vino delicado que revela las características suaves y ligeras de un microclima fresco, combinado con un 50% de la misma variedad que ha estado en contacto con los hollejos por un tiempo más prolongado contribuyendo a una mayor firmeza. El resultado es un vino con de sensual bouquet de cereza. Su final es largo con un toque de café, chocolate y especies.

-*Tapeña 2005 - 100% Garnacha*: Sus brillantes tonos violáceos y aroma seductor ofrece un bouquet de especies, vívido, buen cuerpo que redondea los taninos con la fruta produciendo un final aterciopelado

Estos vinos de copeo para *comer de pie* acaban de aparecer en nuestro mercado.

Jamás hubiera pensado Felipe II que sus *tapas* iban a ser un éxito sensacional en el Nuevo Mundo: New York, Beverly Hills, Chicago, Miami, etc. etc.

22

$\mathcal{L}$OS VINOS DE «CALIENTE FORNALLA »

Una de las regiones más fértiles del mundo, conocida como California.

Ocupando una franja costera del Océano Pacífico de más de 1,250 millas de longitud al sudoeste de Estados Unidos, se halla California, el estado de mayor población y el segundo en extensión después de Texas. Su límite oriental, dominado por la Sierra Nevada y el desierto del Mohave, constituye un área inhóspita debido al gran calor reinante y a su persistente sequedad. Entre estos límites de características climatológicas opuestas encontramos el Central Valley, un corredor de 50 millas de ancho considerado como una de las regiones más fértiles del mundo, en particular, para el cultivo y vinificación de la vid.

Debido a las fusiones de su clima, los conquistadores españoles bautizaron estas tierras, en castellano antiguo, "Caliente Fornalla" u "horno caliente".

Existe aún la noción de que el vino de California sigue siendo algo "nuevo", un intento de emular los sofisticados caldos europeos. Nada más alejado de la verdad.

A finales del siglo XIX sus vinos habían sido galardonados con altos honores en competiciones internacionales en Europa, así como sus productos agrícolas y ganadería. Una nutrida inmigración de productores y mercaderes surgió a principios de los mil novecientos buscando el establecerse en las áreas de Napa, Sonoma, Mendocino y Carneros con una única intención: Utilizar su experiencia en el arte de hacer vino, abriendo la puerta a lo que hoy es el más extenso y lucrativo mercado del mundo. Entre ellos el prusiano Charles Krug, creador de las más tradicionales bodegas del Valle de Napa. Así nacieron algunas de las hoy más afamadas empresas vitivinícolas de California. Desafortunadamente en 1919, debido al afán moral y político de círculos puritanos en el país, la Constitución fue enmendada instituyendo la "Prohibición" de producción, venta e ingestión de alcohol.

Una puñalada en el corazón de la cultura vinícola. En 1933, 19 años después, Estados Unidos, al unísono, votó aprobando la enmienda 23, derrotando el reinado de la hipocresía. Este fue el momento esperado por los empresarios para desarrollar el Imperio del Vino Californiano.

Ernest y Julio Gallo, hijos de inmigrantes italianos, fundaron sus bodegas en el Valle de Sonoma el mismo año en que la Prohibición fue abolida. Tuvieron que conseguir capital prestado para poder iniciar sus actividades que les exigían la producción de 185,000 galones de vinos dulces para ser envasados y vendidos al mercado popular. Hoy en día las bodegas E. & J. Gallo tienen una producción anual aproximada de 720 millones de botellas de vino de diferentes caracteres. En 1943, Robert Mondavi, el Monarca del Cabernet Sauvignon, adquirió le fabulosa bodega de Charles Krug.

Esto le proporcionó la oportunidad de perfeccionar su Cabernet y desarrollar nuevas vinificaciones al estilo europeo como Chenin Blanc y Fumé Blanc. En 1979, asociado con el Barón Phillipe de Rothschild, dio a conocer al mundo Opus One, el padre de la dinastía del vino Meritage californiano.

Actualmente el 90% del vino producido en Estados Unidos proviene de California, siendo este mismo estado, posiblemente con la excepción de New York, el principal consumidor del producto. Un 65% de los vinos vendidos en hoteles, restaurantes y licorerías en América son de empresas californianas.

Innumerables premios y menciones honoríficas han sido otorgados a vinos californianos en exposiciones internacionales y su exportación crece asombrosamente. Las bodegas de más prestigio en Europa han emprendido asociaciones en California acogiéndose a sus óptimas características climatológicas y a la calidad del roble americano para añejamiento en barricas.

California inventó y ha impuesto en el mercado mundial la producción de vinos procedentes de un solo tipo de uva, obligando al resto de las bodegas mundiales a imitar este proceso. Las más estimadas son Chardonnay, Sauvignon Blanc, Fumé Blanc, Pinot Gris, Chenin Blanc, Merlot, Sirah, Cabernet Sauvignon, Pinot Noir y Zinfandell. Los vinos espumosos son de gran calidad y me agradaría recomendar para disfrutar de las Fiestas Navideñas y Año Nuevo el incomparable "J" sparkling californiano por excelencia.

Felicidades a todos!

$\mathcal{L}$A ABSENTA: EL "HADA VERDE" DE LOS ESPIRITUS

Desde Hipócrates y Galeno hasta Hemingway y Picasso ejerció su poderosa y controversial influencia sobre el mundo de la Medicina, la Literatura, la Política y las Artes Plásticas

No ha existido en la historia de la cultura occidental un elixir que haya conducido a una gloriosa posteridad sus mentes más brillantes que la *Artemissia absinthium,* origen del destilado conocido como *absenta*, en español, *absente,* en francés y *absinthe* en el idioma inglés, siendo éste el término semántico más usado universalmente al referirse a este espíritu. Esta planta silvestre, descubierta en el *Val de Travers* en el Jura suizo, es documentada por primera vez durante el siglo II en el tratado *Herbarius* del gran filósofo Apuleius y mencionada e utilizada por Hipócrates, Padre de la Medicina, y el ilustre físico Galeno para la cura de diferentes enfermedades neuróticas y digestivas. En 1597, John Gerard, eminente herbolista británico bautizó a nuestra protagonista como *wormwood*, recomendándola en su tratado *Herball* para neutralizar los parásitos intestinales. Más adelante, en el siglo XVII, Nicholas Culpeper, también herbolista y astrólogo lo declaró como un "curalotodo".

El *absinthe* moderno, un destilado verdoso con un 65% de contenido alcohólico, apareció en el mercado en 1797 producido comercialmente por Henry Louis Pernod, quien adquirió la receta del suizo Pierre Ordinaire, doctor en medicina reconocido como un portento en su profesión. A una velocidad meteórica, gracias a un inteligente mercadeo, el consumo de *absinthe* se propagó por la Europa occidental, particularmente en *La Ville Lumière,* situándose en la cima de los círculos sociales y políticos. Siempre presente entre la intelectualidad y la bohemia fue cobrando adictos, unas veces afectando decisiones políticas de gran envergadura y pésimos resultados, otras acelerando la capacidad creativa de gigantes literarios como Paul Verlaine, Charles Beaudelaire, Guy de Maupassant, Victor Hugo, Oscar Wilde, Edgar Allan Poe y Ernest Dowson, entre muchos otros. Sin embargo ningún campo cultural fue más afectado por el *Hada Verde* que el del Impresionismo pictórico, afortunadamente en algunos casos y fatalmente en otros. Henry de Toulouse-Lautrec,

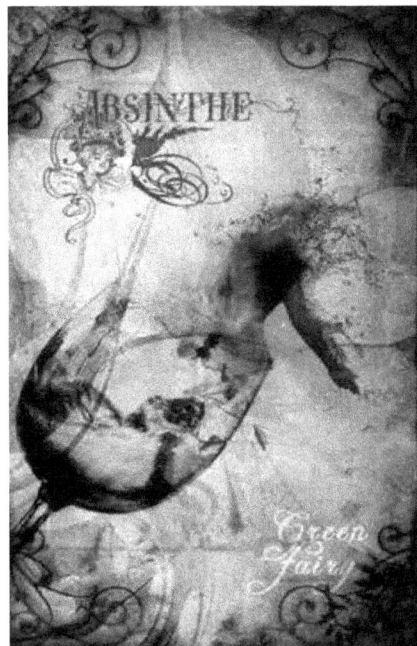

Vincent Van Gogh, Edgar Degas, Edouard Manet, Paul Gauguin y Claude Monet eran grandes amigos a la hora de tomarse un *Abs* amortizado con un terrón de azúcar y agua fría. En otros momentos maldecían la hora en que se habían conocido mordidos por sus celos de artista. El método para la consumición de *absinthe* requiere el uso de una cuchara horadada para mantener un terrón de azúcar sobre la copa mientras se vierte agua fría para su disolución contrarrestando el amargo sabor. Este ritual era especialmente atractivo, pues hasta entonces todas las bebidas alcohólicas simplemente se ingerían.

La manufactura de *absinthe* fue legalmente prohibida en Suiza (1908), Francia (1915) y Estados Unidos (1917). Razón: "Wormwood" es un botánico adictivo que puede causar delirio, alucinaciones e inclusive deterioro mental. Henry Pernod no se rindió y, después de arduas investigaciones, creó un producto similar: *la Pétite absente* fruto de la substitución del "wormwood" por el "southern woodwood", planta despojada de los factores botánicos por los que fue prohibida, produciendo un destilado de la misma apariencia. Crillon Importers, Inc., obra de Michel Roux, pionero importador del vodka Absolut, ha presentado al mercado mundial *Absinthe Refined,* la versión de nuestra Nueva Era. Con un contenido de 55% de alcohol, es deliciosa preparada con agua y azúcar, limonada, agua de seltzer con jugo de lima y, si tiene la tentación, prepararla en la forma original, derramando unas gotas de *absinthe* sobre el terrón de azúcar y flamearlo ligeramente. Los amantes del cine pueden fácilmente identificar el "Hada Verde" en la película *Moulin Rouge.*

ℒA CIUDAD DEL VINO

El prestigio de Marqués de Riscal y el talento arquitectónico de Frank Gehry se funden en una obra audaz, innovativa y deslumbrante.

Alrededor del año 1850, Camilo Hurtado de Amézaga, Marqués de Riscal, emprendió un ambicioso proyecto especulando en el futuro de La Rioja, la región vinícola más avanzada en la España de la época. Su exilio en Bordeaux había despertado su devoción por los vinos de Médoc. Transcurridos unos años el Marqués erige su Bodega al estilo bordalés en Elciego, un pacífico brote en La Rioja Alavesa. Camilo inicia sus labores en 1860 plantando cepas importadas de Francia en una cuarta parte de sus 200 hectáreas de terreno con escaso éxito. La *filoxera* se había ensañado con los campos de Bordeaux, causando una nutrida emigración de cosecheros y técnicos en vía a España.

La mayoría deciden quedarse en la región atravesada por el Río Oja, ya que las características de su *terroir* parecían ser ideales. Entre ellos surgió el gran conocedor Jean Pineau quien, asociado con el Marqués, mostró a los riojanos como seguir las técnicas vitivinícolas bordalesas más avanzadas. El éxito fue rotundo.

Después de un largo período de sueños visionarios, amor a la tierra, óptima labor profesional y conquista de consumidores, los Vinos de los Herederos del Marqués de Riscal han alcanzado en la actualidad la cima del mercado internacional.

En 1999 Frank O. Gehry, una mente privilegiada de la Arquitectura, graduado en Planificación de Ciudades en la Escuela de Diseño de la Universidad de Harvard, ganador de infinitos galardones a nivel mundial y creador del monumental Museo Guggenheim de Bilbao visitó La Rioja. Invitado por el Chairman de las bodegas del Marqués de Riscal se le propuso llevar a cabo el diseño, construcción, decoración y renovación de las instalaciones existentes, presentando al mundo el más espectacular complejo turístico-vinícola. Saboreando un vino del año de su nacimiento e impresionado por su calidad Frank

Frank Gehry, genio de la arquitectura mundial

comentó…nos lo bebimos y era extraordinario. ¿Cómo vas a poder negarte a tal propuesta?" Manos a la obra. Parece ser que el espíritu de Camilo Hurtado de Amézaga mandó a Jean Pineau reencarnado en Frank Gehry. Así nació *"La Ciudad del Vino"* inaugurada oficialmente el 10 de Octubre del 2006 por Su Majestad Don Juan Carlos de Borbón, quien felicitó a los oficiales de la compañía y al arquitecto consumado brindando con el **Selección Gehry 2001.**

El complejo ofrece a los visitantes:

EL HOTEL MARQUES DE RISCAL (Starwood the Luxury Collection).

El edificio, una impresionante estructura de cuatro pisos sostenida por tres columnas, está construido con piedra arenosa que complementa con los cimientos de la Bodega y el estilo del área.

El sorprendente tope del techo es una combinación de toldos de titanio que relumbran bajo el sol riojano, ostentando colores rosados indicando el vino, dorados por la red metálica que cubre la botella y plateados representando la cápsula de sello. El diseño ondulado emula el movimiento del baile flamenco.

Habitaciones: 43 suites dobles: Grand Deluxe (300 a 800 euros)

–Junior Suite (350 a 900) - Executive Suite (425 a 1,095) – Gehry Suite (550 a 1,350). Servicio de 5 estrellas.

La elegante decoración interior, de tendencia minimalista fue diseñada por el mismo Gehry. Una orientación única permite gozar de una panorámica vista de los viñedos y las bodegas desde todas las suites.

Recreación: Si lo que el visitante desea es "desconectarse", el Hotel Marqués de Riscal ofrece toda clase de tentaciones, sensaciones y sabores imposibles de encontrar de manera conjunta bajo un mismo techo: restaurante de lujo premiado por la Guía Michelin, un bistro, bar de vinos, biblioteca enológica y un VIP lounge desde cuyo mirador se puede disfrutar de la vista de La Rioja a un lado y del País Vasco al otro. Dos mundos que confluyen en ese mismo punto exacto: el del Vino y el de la Gastronomía. Para aquellos que tienen que combinar el placer con los negocios, el hotel cuenta con modernas instalaciones para reuniones, conferencias, eventos sociales y banquetes. El huésped tiene acceso a las mismas entrañas de la Bodega y a explorar los aspectos más tradicionales de esta arraigada marca, así como los procesos más modernos y tecnológicos de fabricación del vino. Para tradición, La Catedral, santuario que custodia botellas desde su primera añada (1862). Para modernización, los equipos más avanzados en la Industria.

"Caudalie" Spa de Vinoterapia: Los beneficios del vino no están limitados a los aspectos de la salud interna, que ya están probados más que suficiente. En el SPA "Caudalie" el huésped puede ser mimado por terapeutas profesionales. Todo un mundo de tratamientos y sensaciones, relajantes, vigorizantes, adelgazantes, reafirmantes, anti-estrés y anti-edad están realizados a base de las más puras esencias de la vid y otros ingredientes naturales, como el azúcar moreno, la miel y aceites esenciales.

No dejen de incluir en sus planes de viaje visitar **"La Ciudad del Vino"** y probar el Nuevo Vino de los Herederos del Marqués de Riscal: **Selección Gehry 2001.**

FRANCIS FORD COPPOLA, THE "GODFATHER" DEL VINO

Cinematografía y Enología se funden en la materia gris de una mente brillante

Hijo del notable compositor y músico napolitano Carmine Coppola, Francis vio sus primeras luces en Detroit, Michigan, creciendo y criándose en Queens y Long Island, New York, donde su familia se estableció al poco de él nacer. Convirtiéndose durante su infancia en el editor de las películas domésticas de su familia en 8 mm., ingresa en 1955 en la Universidad de Hofstra en New York conquistando una licenciatura en Drama y seguidamente, se gradúa en Producción de Films en UCLA, California. A los 21 años de edad Francis debuta profesionalmente escribiendo y dirigiendo en nueve días su primer largometraje, ***Dementia 13***, considerada por los historiadores fílmicos como la primera producción que da paso al género de "terror psicológico". Fue durante el rodaje de esta película - en Irlanda - cuando Francis conoce a Eleanor Neil de quien se enamora perdidamente, convirtiéndola en su esposa. El resto, hasta el día de hoy, es una lluvia de premios, galardones y 5 ***Oscars*** de la Academia Cinematográfica de Hollywood.

Su máxima creación, la clásica trilogía "corleonesca" ***The Godfather*** (1971), ***II*** (1974) y ***III*** (1990) está declarada por los cinófilos más expertos como los mejores y más productivos films de todos los tiempos, sobrepasando la conmovedora clásica ***"Gone with the wind"***. Sus raíces netamente italianas despiertan en él desde su infancia un gran deleite por la comida y los vinos de la mesa napolitana familiar. En 1975, siguiendo su inspiración, Francis y Eleanor adquieren parte de los viñedos Inglenook en el distrito Rutherford de Napa, California, con la intención de producir vinos para consumo doméstico. Eleanor junto a Sofía y Roman, con el paso del tiempo, se arraiga profundamente a la tierra enfocándose en los métodos de agricultura orgánica. "Hacer cine y producir vino son dos factores importantes en el desarrollo de California" – afirma Coppola en su Revista Literaria ***Zoetrope*** – "La similitud es obvia. "Ambos comienzan con la materia prima. En el caso del vino, la tierra y las uvas; en cinematografía, la historia y la calidad de los actores. Las uvas pueden ser afectadas por el buen o mal tiempo; la interpretación de los actores depende de muchos factores. El maestro bodeguero comienza el proceso con la fermentación y creación de mezclas, seleccionando la calidad de las uvas. El director hace lo mismo emitiendo una serie de "sis" y "nos" en referencia a reparto, vestuario, edición y mezcla de sonido. Pero en los dos casos tienes que empezar con la mejor materia prima, así sea la tierra o la historia a desarrollar. Y en algunas ocasiones, improvisas y dejas a la Naturaleza que siga su curso".

En los viñedos de Inglenook los primeros esquejes de Cabernet Sauvignon fueron plantados en 1882 por su fundador Gustave Niebaum en el distrito de Rutherford, California. La maravillosa naturaleza los ha preservado permitiendo la producción de vinos de la más alta calidad lo que indujo a Francis a bautizarlos Niebaum-Coppola ***Diamond Collection.*** En 2006, Francis Ford y Eleanor Coppola decidieron cambiar el nombre a **Rubicon Estate,** abarcando así 235 acres de viñedo orgánico certificado. Ese mismo año los Coppola adquirieron simultáneamente las Bodegas Château Souverain en Geyserville, Sonoma, preparándose a lanzar al Mercado la nueva colección del 2007 que aparecerá a mediados de este año: Francis Ford Copolla, **The Director's Cut**, presentando Chardonnay, Pinot Noir, Zinfandel y Cabernet Sauvignon. En honor a su hija, ganadora de un Oscar como escritora de la película **"Lost in translation"**, maravilla al consumidor con su **"Sofía"**, un fresco, suave achampañado Blanc de Blancs y un Rosé de gran estilo. En la actualidad la familia Coppola es propietaria de tres encantadores "resorts", **Blancaneaux Lodge** y **The Turtle Inn** en Belice, inspirados en el estilo de los paisajes tropicales de las Filipinas, donde Francis filmó su obra maestra **Apocalypse Now,** y **La Lancha Resort** circundando las cristalinas aguas del lago Petén Itzá en Guatemala, próximo a las ruinas mayas del mismo nombre. Y, desde luego, no pudo faltar un gastronómico homenaje a la bella Italia al crear su empresa **Coppola Brands** presentando sus pastas favoritas y diferentes infusiones de aceite de oliva.

Colección enológico-cinematográfica más reciente de Francis Ford Coppola:

RUBICON ESTATE: Blancaneaux 2004– Cabernet Franc 2004) – Edizione Pennino Zinfandel 2004.

DIAMOND COLLECTION: Sauvignon Blanc 2005 – Chardonnay 2005. **Bianco Pinot Grigio 2005**– Rosso 2004– Pinot Noir Silver Label– Claret 2004– Zinfandel 2004– Syrah-Shiraz 2004– Merlot 2004.

THE DIRECTOR'S CUT: Chardonnay 2005– Pinot Noir 2005– Zinfandel 2005– Barrel Sample Cabernet Sauvignon 2005.

SOFIA: Sparkling Blanc de Blancs 2005– Sofía Rosé 2005– Sofía Mini, presentado en un atractivo y manejable empaque rosado hexagonal de 4 X 187 ml.)

Salute signore Direttore!

DE BORDEAUX A NAPA

Impresiones sobre las dos Mecas del Vino

Bordeaux no es solamente la región más famosa del mundo en el arte de la viticultura, es también símbolo del Gran Vino en general y un modelo para la industria vinícola universal. Orgullo de sus nativos, se puede percibir el amor al cultivo de la vid explorando los mimados viñedos de su *terroir,* culminados por la maravilla arquitectónica de sus *Châteaux*. La producción total de sus vinos está equitativamente dividida entre tintos y blancos. La zona del Médoc, al Norte, nos ofrece una extensa gama de tintos considerados como "las glorias de Bordeaux". La parte Sur provee al consumidor con buenos blancos, sin llegar a alcanzar la excelencia de los tintos, con la excepción del dorado y dulce Sauternes, único en su estilo.

El Valle de Napa es la insignia de la producción vinícola californiana y representa el pináculo comercial de la industria en Estados Unidos. La diversidad de condiciones climáticas imprime diferentes estilos a los vinos, sin embargo, todos sus viticultores comparten una característica agrícola en común, el poder de absorción del suelo que impide la saturación, algo que puede tener consecuencias desastrosas para los viñedos. El Océano Pacífico, al Este, que en épocas arcaicas cubría la mayor parte del área, creó en su subsuelo depósitos perennes, influenciando el suelo hasta el punto que podemos identificar en la actualidad más de 60 tipos diferentes de *terroir*. Los Chardonnays y Pinot Noirs, en particular los de la zona de Carneros, son memorables. En ciertas áreas del Valle, al Oeste en principal, el subsuelo volcánico del "Gran Anillo de Fuego" propicia la producción de formidables tintos. Rugosas montañas y verdes colinas salpican la tierra de Napa permitiendo el cultivo en terrazas adornando los viñedos sus laderas.

En 1977, Peter Newton y su esposa Su Hua se establecieron en Spring Mountain, adquiriendo 1 milla cuadrada de vertiente próxima a la fértil localidad de St. Helena, dominando una vista panorámica del Valle de Napa.

Así nació *Newton Winery*, productora de tintos finos al estilo Bordeaux y elegantes blancos típicamente californianos. Las vides, plantadas en terrazas a gran altura, oscilando entre los 500 y los 1,600 pies sobre el nivel del mar, gozan de una topografía ideal para su cultivo. Los Newton hicieron uso de todos los ingredientes necesarios a su alcance para conquistar la cima en la industria, logrando la producción de unos de los vinos de más alta calidad en el mundo.

Stephen Carrier, Enólogo y Maestro Bodeguero de Newton, nació y se crió en Champagne, creciendo entre los viñedos de su familia. Desde muy joven decidió que su misión en la vida era alcanzar la experiencia necesaria para poder hacer el mejor vino del mundo. Graduado en Enología en Reims, capital del distrito de Champagne, en Francia, desempeña labores de Asistente Bodeguero en las casas Campagne Chanoine, Lynch-Bages y Château Pichon Longueville Baron en Bordeaux. Ya en posesión de los intrigantes secretos del mundo del Vino es contratado por Newton como Maestro Bodeguero imprimiendo el elegante estilo bordalés a sus vinos y enterrando su corazón en los viñedos de Spring Mountain.

Bienvenido a América, Stephen!

COLECCION NEWTON WINERY:
Chardonnay 2004 (unfiltered)
Merlot 2002 (unfiltered)
Cabernet Sauvignon2002 (unfiltered)
Chardonnay 2004
Claret 2003– "The Puzzle", la Joya de la colección, (35% Cabernet Franc, 33% Cabernet Sauvignon, 23% Merlot, 9% Pétit Verdot)

EL FASTUOSO LEGADO ENOLOGICO DEL MONJE BENEDICTINO DOM PÉRIGNON

Regresando casi quince siglos atrás, en el año 662, el Arzobispo Nivard, una de las autoridades Eclesiásticas de más influencia en la Francia de entonces, ascendía por una colina en el corazón de su nativa región de Champagne para apreciar "una vasta y verdaderamente magnífica vista" de la campiña francesa. Cansado por el esfuerzo, decidió descansar sentándose a la sombra de un arbusto, quedándose dormido por un tiempo. Entre sus sueños, Nivard veía una hermosa paloma blanca volando en círculos alrededor del arbusto donde reposaba. El arzobispo interpretó su sueño como un mensaje divino exhortándolo a que construyera un santuario allí mismo, en la cima de la colina. Así surgió la Abadía de Hautvillers, regida por la orden de Monjes Benedictinos por siglos, siendo la cuna del más apreciado y elegante vino producido hasta la actualidad: *El Champagne*.

El 23 de Mayo de 1668, la pequeña comunidad benedictina de la Abadía dio la bienvenida a un joven monje llamado Pierre Pérignon, quien en breve tiempo alcanzó la responsabilidad de la administración de Hautvillers, ya conocida por sus vinos de gran calidad. Pierre, a quien se referían sus contemporáneos por su sobrenombre religioso Dom Pérignon, dirigía personalmente las bodegas del Monasterio, supervisaba el cultivo de las tierras, viajaba a menudo por la región como encargado de negocios y, ejercitaba su labor más adorada, cuidar y mejorar sus viñedos. Fue el primer Maestro Bodeguero en producir vinos blancos procedentes de uvas rojas, consiguiendo una mayor calidad y carácter para sus vinos. Los vinos de la Abadía de Hautvillers de perfecto equilibrio de uvas Pinot Noir y Chardonnay, eran legendarias en toda Francia.

Un día de verano tempranero, mientras recorría las apacibles bodegas del Monasterio, observó un fenómeno fuera de lo normal. Cierto número de botellas comenzaron a expulsar el corcho ruidosamente derramando los

vinos, envueltos en un mar de efervescencia. Al preguntar a uno de sus asistentes, responsable de supervisar el proceso de fermentación, se descubrió que esos vinos, por accidente, habían sido prematuramente embotellados sin haber completado su ciclo en la barrica. Debido a esto una poderosa segunda fermentación se estaba llevando a cabo en la botella, incapaz de retener su contenido. Ya existían ciertos vinos rosados espumosos populares en las tabernas de Londres, pero nada como el descubierto en Hautvillers. Dom Pérignon, confuso, pero invadido por la curiosidad, se decidió a probar tal vino. Su exclamación no se hizo esperar, "es una constelación de estrellas titilando en mi paladar". Era un vino grandioso y acariciador al que Dom Pérignon le dedicaría su experiencia enológica.

Una vez estilizado el vino, se valió de fibras de fuerte hilo de bramante para amarrar firmemente el corcho y evitar su salida intempestiva. Luis XV, Rey de Francia en aquella época, recibió las primeras muestras del Nuevo Vino de Champagne de la Abadía de Hautvillers, dándolo a conocer a la Corte. Fue un acontecimiento y la misma Madame Pompadour, concubina del Rey, se expresó así. "Este erótico vino nos da a las mujeres una potente brillantez en los ojos y no rubor en las mejillas, como el resto de ellos". Este inigualable vino espumoso hizo de Pierre Dom Pérignon el padre espiritual del Champagne y uno de los grandes visionarios del mundo del Vino.

En 1743 Claude Moet, mercader de vinos en Epernay, no muy lejos de Hautvillers, fundó su compañía productora de Champagne, actualmente caracterizada por su respeto al pasado y a la naturaleza. Fue la iniciativa del nieto de Claude, Jean-Remy Moet (1788-1841), quien, bajo la Revolución Francesa, con creadora energía compró viñedos para nuevos cultivos, organizó las cosechas y estableció una nueva red de ventas para la exportación. Más adelante, durante los años del Imperio, la empresa floreció multiplicando su producción. Ya a finales del siglo XIX, el champagne Moet & Chandon era conocido universalmente.

Como homenaje al gran monje benedictino, Maestro Bodeguero de la Abadía de Hautvillers, la Casa Moet & Chandon bautizó su más elegante *Tete de Cuvée,* Dom Pérignon, uno de los mejores champagnes del mundo.

$\mathscr{L}$LEGARON DE NUEVA ZELANDIA

Desde los paradisíacos viñedos más al sur del globo terráqueo

Las crónicas históricas sobre la aparición de Nueva Zelandia en el *mapa mundi* comienzan con el descubrimiento de la costa oeste de las Islas Norte y Sur en 1642 por el navegante holandés Abel Jaszoon Tasman y su total circunnavegación entre los años 1769 y 1770 bajo el liderazgo de James Cook, Almirante de la Real Marina Británica, siendo ambos responsables durante sus viajes de la importación de las primeras vides, de procedencia francesa.

No fue hasta el comienzo de los 1800s en que Nueva Zelandia inició el cultivo intenso de la vid produciendo vinos de mesa para consumo doméstico. Sin embargo el surgimiento de la industria vinícola no tuvo lugar hasta fines de los 1960s concentrándose en cepas procedentes de Francia; *Chardonnay, Sauvignon Blanc, Pinot Noir, Merlot y Cabernet Sauvignon*. La era de la vinificación moderna, promoción de producto y apertura de mercados internacionales comenzó en 1985, marcando la pauta para el desarrollo de una industria vitivinícola del más rápido y exitoso crecimiento en la historia contemporánea del Vino.

El gran fenómeno enológico lo marcó la aparición de su *Sauvignon Blanc*, vino original del Valle del Loire. La versión neozelandesa sobrepasa con creces el estilo francés ofreciendo al consumidor un vino blanco refrescante de suave aroma de frutas cítricas y gran elegancia. Un vino festivo y alegre. De forma similar el *Chardonnay* y el *Pinot Noir*, también de estirpe francesa, tienen su estilo *sui generis*, procedente del fresco y soleado clima de *Marlborough*, la región de mayor capacidad industrial y más alta calidad de producción en las islas. La industria vitivinícola de Nueva Zelanda cuenta en la actualidad con más de 300 productores entre los que sobresalen las Bodegas *Stoneleigh* y *Brancott* con más de 30 años de historia y reconocidas mundialmente por la producción de eminentes vinos. Ambas bodegas califican el 2008 como un prodigio enológico ya que la ecuación de un perfecto clima junto a un enriquecido *terroir* nos brinda unos vinos difíciles de emular.

Estas son sus principales características:

STONELEIGH. Sauvignon Blanc 2008.
COLOR: Paja claro con tonos esmeralda.
AROMA: Vibrante intensidad de fruta. Toronja rosada madura y *Passion fruit* predominan.
BOUQUET: Complejidad mineral en el paladar junto a un excelente equilibrio de fruta madura y acidez fresca. Magnífico para saborearlo sólo o con carnes blancas delicadas y mariscos.

STONELEIGH. Pinot Noir 2007.
COLOR: Rubí ligero y cristalino.
AROMA: Cereza negra, frambuesa ciruelas rojas y especies.
BOUQUET: Un vino suave y flexible con un final de fruta dulce y equilibrados taninos.

BRANCOTT Reserve Sauvignon Blanc 2008.
COLOR: Paja pálido con tonos verdosos.
AROMA: Grosella silvestre, *stone fruits* y pimiento rojo.
BOUQUET: Sabores de grosella y melocotón fresco. Frutas concentradas equilibradas con una acidez cosquilleante. Delicioso con toda clase de marisco.

BRANCOTT Reserve Pinot Noir 2007.
COLOR: Rojo carmesí.
AROMA: Cerezas maduras y especies acentuado por tonos de ciruela fresca. BOUQUET: Largo final denotando sus frutas rojas y un sedoso toque de chocolate.

"Los maestros bodegueros de Brancott y Stoneleigh se sienten orgullosos de compartir con el mundo lo mejor del vino de Nueva Zelandia en este 2008", afirma Patrick Materman, jefe del equipo enólogo.

IMPERIO DEL RON

Un Espíritu legendario, pintoresco, litúrgico y festivo.

Ron, cuya denominación originada en el idioma ingles es *"rum"*, determina un espíritu derivado de la destilación del jugo de la caña de azúcar y de las melazas resultantes de su fermentación. Obviamente se produce en todas las áreas geográficas en que se cultiva la caña, lo que incluye los cinco Continentes.

Alejandro el Magno, en el siglo IV A.C., al regreso de su expedición a la India, mencionó los poderosos espíritus sustraídos de la caña de azúcar como "las majestuosas altas hierbas que nos dan miel sin necesidad de las laboriosas abejas", lo que originó especulaciones de la existencia de un espíritu que fermentaba naturalmente este jugo, sin intervención de la mano del hombre. La visión colonizadora de Cristóbal Colón se hizo una vez más patente cuando en 1493, durante su segundo viaje, hizo un alto en las Islas Canarias trayendo consigo brotes de caña de azúcar, fomentando su cultivo en Cuba y La Española.

Con el tiempo, en 1647, posiblemente antes, Barbados irrumpe con la destilación del ron bautizado a través de la Historia como "Aguas de Barbados", "El Tumulto", "Muerte del Diablo", "Sangre de Nelson" (cuyo cuerpo a su muerte fue preservado embarrilándolo en ron para su traslado a Inglaterra) y con otros apodos no publicables, procedentes de las hordas de piratas y bucaneros que infestaban el Caribe. El Imperio Británico visualizó el impacto potencial en el mercado internacional, promoviendo una producción industrial que internacionalizó el ron, destronando a la ginebra en Inglaterra como el producto dominante de consumición espirituosa.

En 1655 La Marina Real Inglesa incluyó media pinta de ron en la dotación de las raciones de sus colonizadores y combatientes, mientras las destilerías proliferaban en New York y Nueva Inglaterra produciendo el espíritu con melazas importadas de las Antillas. Especies exóticas de las Islas eran integradas para perfumar el producto, crear preferencias y aromatizar los ritos litúrgicos de las religiones de los esclavos africanos.

En 1862, Don Facundo Bacardí Masso, inmigrante español procedente de Cataluña, fundó los pilares de su imperio en Santiago de Cuba adquiriendo una primitiva destilería donde desarrolló su nueva fórmula para la producción de un ron diferente, más suave y ligero que las variedades fogosas y especiadas del Caribe. Por primera vez el nombre de una familia de expertos destiladores aparecía en las etiquetas del producto abriendo las puertas a más de un siglo de éxito en la Industria.

En la actualidad el nombre Bacardí está considerado internacionalmente como un sinónimo de excelencia fusionado con el concepto del ron moderno. Ideal para mezclar o degustarlo nítido.

En la actualidad la casa Bacardí presenta una extensa gama de rones, desde el Blanco ligero hasta el refinado Reserva, ofreciendo también los afrutados de limón y naranja.

Uniéndose a la revolución del ron hace más de un siglo en Nicaragua, el principal cultivador de caña de azúcar de Centroamérica, la familia Pellas, decidió comenzar a destilar ron para celebrar la Zafra con un toque de alegría. Esta celebración con el "espíritu" del Molino se convirtió en una tradición comercializada en 1937 con la constitución la Compañía Licorera de Nicaragua. Su meta: crear una selección de rones añejados de gran calidad destinados a la exportación, conservando una producción de espíritus más jóvenes para consumición local. Así nació *Flor de Caña*. Un gran ron para paladares sofisticados desde cuatro a quince años de añejamiento.

Recomendamos:

GUATEMALA: Ron Zacapa Centenario.
PUERTO RICO: Ron del Barrilito – Captain Morgan.
JAMAICA: Appleton – Myers.
DOMINICANA: Barceló – Brugal.
BARBADOS: Mount Gay - Malibu.
COLOMBIA: Ron Viejo de Caldas.
VENEZUELA: Ron Pampero
Aniversario. **AUSTRALIA:**
Bundaberg.
USA: Gran variedad de creativa Cocteleria Tropical basada en el ron. Louisiana y Alabama producen rones ligeros de consumo popular.

EL VINO ORGANICO

La novedad más antigua de nuestra Industria

Durante la última década los viticultores han abierto las puertas a la antigua usanza del plantío y crianza de la vid, presentando una opción alternativa para los amantes del vino. A mediados de los 1800s la mayoría de los viñedos europeos fueron destruidos por los efectos de la *philoxera*, la más mórbida y contagiosa plaga biológica que se ha conocido en la historia de la producción del vino. Se desconocía la cura; costó pérdidas millonarias y años de trabajos de saneamiento agrícola el restituir la vida a las tierras de la vid. Desde entonces, y hasta la fecha, la intervención de la Química fue determinante en la prevención y finalmente en la erradicación de la plaga, abriendo camino al uso de variados productos manufacturados por laboratorios dedicados exclusivamente a la investigación, velando por el cuidado y máximo desarrollo del mundo de la agricultura. Sin embargo, en esta era actual en la que luchamos por renovar y mejorar nuestro estilo de vida, la industria vinícola nos brinda la opción de retornar a tiempos pasados utilizando el cultivo orgánico de la vid, libre de la influencia de productos químicos. Existe cierta confusión sobre el término "orgánico". El vino **"100% orgánico"** se produce de principio – cultivo de la uva – a fin – embotellado del mismo – sin uso alguno de pesticidas sintéticos, fertilizantes, herbicidas, bioingeniería u otros productos químicos. Solamente los "sulfitos" deben de usarse en el proceso ya que es el único modo de combatir la "oxidación", que acorta la vida del vino. Todo procedimiento orgánico debe figurar en la etiqueta y ser certificado por las instituciones correspondientes. Cada organismo establece la extensión que los viñedos deben de tener aislados de otros *terroirs* no orgánicos para evitar la influencia química En Estados Unidos es la USDA la que garantiza este proceso.

Desde Argentina nos llegan los incomparables vinos orgánicos **VINECOL**, producidos desde 1998. Los viñedos y la bodega están situados en el Departamento de La Paz, al este de la ciudad de Mendoza, celebrada internacionalmente como la región productora de los vinos más ilustres de Latinoamérica. Gracias a la incansable labor de la empresa floridana *Youngarmy Group, Inc.*, estos finos y delicados vinos son importados a Estados Unidos con extraordinario éxito en el Mercado. Presentemos los vinos más recientes a su alcance:

TORRONTES 2007: Color oro pálido. Un vino suave repleto de aromas de frutas tropicales, limón en flor y jazmín. Placentero y persistente final.

CHARDONNAY2007: Color oro brillante con tono esmeralda y aromas de crema y vainilla. En el paladar vívidas notas de cremosas peras y manzanas, culminando en un prolongado final.

MALBEC 2006: Rojo violeta con rasgos de rubí. Aromas de ciruela y de flores y frutas rojas. Al degustarlo se denota una estructura elegante y equilibrada, con notas de roble francés y sabor de especies.

CABERNET SAUVIGNON 2007: **Rojo con brillantes destellos de rubí. Atractivo aroma de frutas rojas, pimienta negra y nueces. Largo final de especies.**

TEMPRANILLO 2007: Vivo color rojo violáceo. Aromas complejos e intensos de frutillas del bosque. En el paladar revela notas de cremosa mantequilla y azúcar caramelizado. Persistente final de sabor a fresas.

Ahora, al brindar con estos vinos, está perfectamente ejemplarizado el dicho "SALUD!"

EL LEGADO DEL GRAN ROBERT MONDAVI

El nombre que situó California en el zénit de la vinicultura internacional

En 1966, Robert Mondavi, pionero viticultor californiano criado en el seno de familia italiana, fundó las bodegas que llevan su nombre con un ideal: poner los vinos del Valle de Napa en compañía de los más grandiosos vinos existentes en el mundo.

Para entonces, el potencial vinícola de la región era preminente pero no universalmente reconocido. Se esperaba por alguien con visión y entusiasmo para desarrollar al máximo las virtudes del *terroir* y dar a conocer al mundo su fruto. Robert Mondavi reconoció el potencial del Valle y, en particular, el de los históricos viñedos *To Kalon* ("la máxima belleza" en griego clásico) que databan de fines de los 1800s, asentados en el área de Oakville, al norte de California.

Allí construyó "La Misión", la primera nueva bodega en el Valle de Napa desde el fin de la era de la Prohibición, comenzando así un renacimiento que transformó la cultura vitivinícola de América.

Robert Mondavi lanzó al Mercado su primer vino, *Chenin Blanc*, en 1967 a $2.00 la botella, e introdujo su *Fumé Blanc*, una versión más seca del tradicional *Sauvignon Blanc,* en 1968. Sin embargo fue en 1970 cuando su máxima creación vio la luz: su *Cabernet Sauvignon*, fruto de vinificación estilo *Châteaux de Bordeaux*, el cual fue etiquetado por primera vez en nuestra industria con la designación **Reserve**. Desde ese momento todas sus creaciones alcanzaron un relieve de calibre internacional. Años después, en 1979, aparece en el Mercado *Opus One* (80% Cabernet Sauvignon, 16% Cabernet Franc, 4% Merlot), resultado de la colaboración con el Barón Phillipe de Rothschild, siendo la primera asociación con el Viejo Mundo registrada en la industria vinícola estadounidense. A este estilo de vino se le denominó *Meritage*. Una auténtica obra de arte.

Debido a su origen italiano, Robert Mondavi comprendía que compartir buen vino y buena comida con familiares y amigos es uno de los mayores placeres de la vida, por lo que decidió lanzar al Mercado **Woodbridge by Robert Mondavi**, una línea completa de excelentes vinos de mesa de costo razonable, ofreciendo al consumidor las siguientes variedades: *Cabernet Sauvignon – Cabernet-Merlot – Chardonnay* primer lugar en ventas en Estados Unidos) – *Merlot – Pinot Grigio – Pinot Noir – Riesling – Sauvignon Blanc – Shiraz – White Zinfandel – Zinfandel.* Costo: $8:00 cada variedad. Siguiendo esta misma política comercial las bodegas presentan **Robert Mondavi Private Selection** con las siguientes variedades: *Chardonnay – Cabernet Sauvignon – Fumé Blanc – Merlot – Pinot Grigio – Pinot Noir – Riesling – Sauvignon Blanc – Syrah – Zinfandel.*

Recientemente se lanzó una nueva selección **Solaire** que consta de dos variedades, *Chardonnay* y *Cabernet Sauvignon.* La línea pionera, **Robert Mondavi Winery** es la original de Oakville con un total de 16 variedades diferentes cuyo costo oscila entre $20.00 y $135.00, siendo ésta el afamado **Cabernet Sauvignon** al que antes hicimos referencia.

Inspirado por sus extensos viajes a Europa, Robert Mondavi concibió la creación de un nuevo vino, complejo, intenso y de gran elegancia para incluirlo en su **Private Selection**. Lo bautizó por segunda vez *Meritage*, término que se usó en su aventura enológica *Opus One* con el Barón Phillipe de Rothschild.

Elaboremos:

Meritage **2006:** 72% Cabernet Sauvignon – 10% Merlot – 10% Pétit Verdot – 8% Malbec. Ofrece aromas de ciruelas, zarzamora y cereza negra, brindando una textura aterciopelada con suculentos sabores de frutas del bosque en el paladar. Aporta un largo final realzado por taninos bien integrados.

En el año 2008 Robert Mondavi falleció a los 94 años de edad dejando tras de sí una rica trayectoria de creaciones enológicas y un gran ejemplo como persona, en general, y para nuestra industria en particular.
Descanse en paz!

$\mathcal{L}$OS VINOS DE BEAUJOLAIS

George Duboeuf: Ilustre representante del área vinícola más reconocida de Francia

Refiriéndose a producción vinícola, se dice que Beaujolais es *"el tercer río"* – junto al Ródano y el Gaona que atraviesa el *Languedoc* y la ciudad de Lyon, la segunda más populosa de Francia.

Este vino, el tinto más reconocido en el mundo, se ha convertido a través de los siglos en una especie de "estrella internacional" debido a su inmensa popularidad y a su aparición anual en el mercado con su versión **Beaujolais Nouveau.** Por el fuerte carácter de su fruta y su casual estilo, este vino se considera también como un símbolo de hospitalidad, amistad, esparcimiento, honestidad comercial y *glamour* sin complicaciones. Imposible reproducirlo en ninguna otra zona vitivinícola, ya que la variedad de uva *Gamay,* de la que provienen estos vinos, es exclusivamente nativa del suelo de Beaujolais. Las bodegas de George Duboeuf nos presentan unos vinos magistrales, típicamente ligeros, con radiante color de cereza roja y, tanto con su aroma como en el paladar, se define un carácter de frutas de verano derivado de zarzamora, grosella y fresa.

Un corto tiempo atrás, George Duboeuf tomó una decisión única rompiendo con la típica tradición vinicultora francesa de utilizar mezclas sabias para la producción de vinos. Después de una cuidadosa investigación enológica de sus viñedos, seleccionó ciertas áreas para dedicarlas a la producción de vinos varietales 100% provenientes de una sola especie – técnica iniciada en California durante los 70s. – presentando bajo el nombre **Patch Block** ("Terreno Aislado") una selección de los varietales más populares en el mundo vinícola, ofreciendo al consumidor uno de los precios de compra más razonables en el mercado internacional.

Un gran valor intrínseco. Vinos de gran suavidad de bajo contenido alcohólico (entre 12.5% y 13.5%).

Sauvignon Blanc 2008: Un vino blanco aurífero sensualmente tentador. Posee fuertes aromas de fruta, un brillante sabor de fruta tropical con intensas notas de lima fresca que conducen a un redondo y largo final.

Chardonnay 2008: Esta dorada belleza aporta aromas de almendra dulce, anís y frutas cítricas envueltas en una textura sedosa.

Cabernet Sauvignon 2008: Vino de cuerpo entero con aromas de fruta oscura y pimienta con toques de menta. Se denota un largo y suculento final achocolatado.

Merlot 2008: Ofrece un fuerte aroma de cereza negra regalando el paladar con notas de café *mocha* y regaliz aportando un intenso final.

Pinot Noir 2008: Un vino exuberante con abundantes sabores de grosella y cerezas maduras envueltos en un cuerpo sedoso con notas de pan tostado y ahumado.

Debemos todos estar al tanto del lanzamiento del **Beaujolais Nouveau** que aparece todos los años el 21 de Noviembre religiosamente.

$\mathcal{U}$N LEGENDARIO LINAJE DE LA CULTURA ESCOCESA

The Dalmore. Single Malt. Evocadora expresión de un gran Espíritu

El 15 de Abril del año 2005 se pagaron 32,000 Libras Esterlinas por una botella de *"The Dalmore" Single Malt 65 Year Old* conteniendo una excepcional mezcla de ilustres whiskies pertenecientes a las partidas de 1868, 1878, 1922, 1926 y 1939. Solamente 12 ejemplares fueron producidos. El comprador mandó abrir inmediatamente la botella para experimentar sin dilación tal obra de arte, dando al barman como "propina" una degustación del elixir, el cual fue descrito por Jim Murray – author of *"The Whisky Bible"* – en los siguientes términos: "Brillante; pura seda envolviendo un cremoso pastel de fruta. Su aroma y sabor del más fino Jerez Oloroso desafía a la naturaleza sobreviviendo en el barril tan largo tiempo. Te deja estupefacto. Un whisky único en la vida".

La destilería fue fundada en 1839 por Sir Alexander Matheson, emprendedor hombre de negocios dedicado al comercio de té y tabaco del lejano Oriente, lo que le proporcionó una gran fortuna, en especial al dedicarse posteriormente al comercio ilícito del opio. Con su reputación mancillada se vio en la obligación de vender su destilería, siendo adquirida por el Clan MacKenzie, una de las familias más insignes de Escocia.

Su renombre se debe originalmente a un incidente histórico – datando del año 1263 – en el que un antepasado de los MacKenzie intervino heroicamente durante una Cacería Real alanceando un ciervo a punto de atacar al Rey Alexander III. El Monarca, con sumo agradecimiento, adjudicó como insignia del escudo de armas del Clan una cornamenta de doce puntas, misma que hasta la fecha representa el logotipo comercial del Whisky Single Malt más exclusivo en nuestra Industria, que aún conserva los gigantescos alambiques de cobre instalados originalmente en 1874. La Compañía *Whyte & Mackay* de Glasgow es actualmente la propietaria de "The Dalmore", adquirido en 1960. Describamos los miembros de la familia criados con arte alquimista por el Maestro Destilero Richard Paterson:

THE 50: Tiempo es el corazón de esta expresión única. Solamente 191 botellas presentadas en cristal artesanal se han lanzado al mercado, causando una gran excitación entre conocedores, gourmets

y coleccionistas a lo largo del mundo. Color oro miel, envuelve aromas de mermelada estilo inglés, bananas maduras, caramelo y pastel de frutas. En el paladar muestra notas de Jerez, roble y naranja. Final de almendras y canela. Costo $1,500.

THE 40 (Doble Medalla de Oro): Embarrilado en 1965, tomó años y múltiples catas su embotellado. Vestido de color caoba se perciben aromas de mermelada de naranja y pudding de Navidad. Atrevidos sabores de caramelo, chocolate amargo y almendras transmiten un largo final. Costo $3,000.

THE 1974 (Medalla de Oro): El camino a su perfección comenzó en barricas usadas para destilación de "bourbon". 948 artísticas botellas vieron la luz del día después de transferirse a inmensos barriles jerezanos para una segunda maduración. Intensos aromas de piel de naranja, canela, chocolate y bananas maduras. Sus sabores encierran notas de regaliz, compota de manzana, café Java y naranjas sevillanas. Gran final de nueces y frutas secas. Costo $1,250.

KING ALEXANDER III (Gold Medal): Barricas de diferentes procedencias – vino francés y portugués, Madeira, Oporto, Jerez, Marsala Siciliano y Bourbon de Kentucky – fueron utilizadas para extraer su espíritu y transportarlo a este whisky de profundo e intenso carácter. Esta combinación de maderas maceradas le comunica un embriagante sabor a vainilla coronando sus notas de frutillas del bosque y ciruela madura.

THE 15 (Gold Medal): El perfecto equilibrio entre espíritu, madera y madurez. Potente, aromático y robusto. Un whisky de corazón repleto de especies secas, clavo, canela y gengibre con una placentera infusión cítrica.

THE GRAN RESERVA (Gold Medal): Añejado de 10 a 15 años en barricas de roble blanco Americano (40%) y de cubas de Jerez Oloroso (60%). En su cuerpo elegante y refinado se denotan toques cítricos y de frutas de otoño con sutiles notas de café tostado y chocolate...

THE 12 (Gold Medal): Un espíritu que equilibra con precisión la madera, presentando robustez y finura al mismo tiempo dejando en el paladar un prolongado gusto de brillante complejidad. De intenso color caoba y oro con aroma de mermelada y especies, nos depara un largo final entrelazado con toques de vainilla.

"The Dalmore" no es simplemente el nombre de una marca, sino una prestigiosa colección de whiskies de malta única que ha sido premiado con numerosas medallas en el San Francisco World Spirits Compétition, abriendo así de par en par las puertas al Mercado de Estados Unidos.

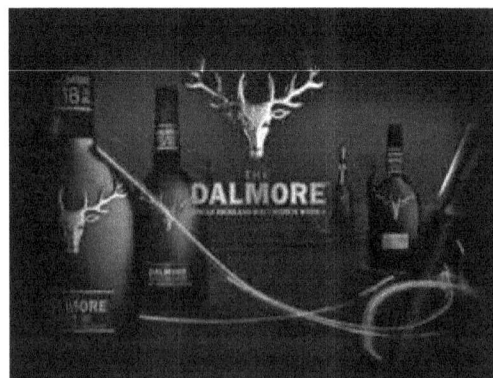

Un Single Malt digno de admiración. Disfrútenlo!

$\mathcal{L}$OS VINOS DE "LA TERRA D'ARGENTO"

Las bodegas GRAFFIGNA como exponente de máxima excelencia en vinicultura

Argentina puede enorgullecerse de poseer una cultura vinícola que acapara más de cuatrocientos años de su historia. Los colonizadores españoles encontraron en las laderas de los Andes, desde principios del siglo XVI, una gran variedad de microclimas ideales para el cultivo de la *Vitis Vinifera*. El primer récord de la existencia de viñedos se remonta al año 1557, en que el Padre Juan Cidró, en la comarca de Santiago del Estero, plantó y cultivó una versión de la uva *Misión* – variedad importada de España – apodada *Criolla Chica*. Una ola de inmigrantes europeos – principalmente procedentes de Italia, España y Francia – se establecieron desde los inicios del siglo XVIII en el país, creando una profusa red de ferrocarril entrelazando Mendoza, la capital del vino del continente, con la Patagonia, para alcanzar la meta de Buenos Aires. Los colonizadores trajeron consigo – aparte de su experiencia en la producción de vino una multitud de vides europeas que constituyeron la fundación de lo que hoy es la gran diversidad de estilos de vino que se producen en Argentina.

Un dato epopéyico en la trayectoria vitivinícola del país fue la aparición, en 1852, de los primeros plantíos de la variedad *Malbec*, importada de Francia por el ingeniero agrónomo Michel Aimé Pouget. En la actualidad el *Malbec* es el vino oficial de Argentina y uno de los más estimados en el mercado internacional.

Don Juan Graffigna, procedente de Italia y un gran experto en el mundo del vino, se estableció en Argentina en 1865. En esa época el negocio de sus bodegas, las primeras localizadas en la región de San Juan, era limitado debido a la escasez de medios de transporte, pero con la aparición del ferrocarril veinte años después, la Casa Graffigna, a través de generaciones, fue paulatinamente convirtiéndose en una de las más famosas bodegas del país, ofreciendo vinos de óptima calidad y gran valor intrínseco, producto de las más avanzadas técnicas agrícolas, enológicas y de estrategia de mercado.

Tras una ardua labor de generaciones, Graffigna es hoy no sólo la primera bodega fundada en San Juan, sino también la segunda más antigua de Argentina. Presentemos sus más recientes joyas de

la colección, 100% varietales, obra enológica de su Maestro Bodeguero Victor Antonio Marcantoni:

CENTENARIO PINOT GRIGIO 2009: Procedente del Valle de Tulum (San Juan).

Color – Verde cobrizo con vetas de oro pajizo.
Bouquet – Aroma de flores blancas con sutiles toques de melocotón y durazno.
Paladar – Lleno de frescura y juventud con suaves notas frutales y final placentero.
Aparejando – Mariscos en general, salmón, risottos *fruta di mare*.

CENTENARIO MALBEC 2007: Valle del Pedernal (San Juan).
Color – Rojo profundo con tonos violáceos.
Bouquet – Aromas de frutas oscuras, pimienta negra y especies.
Paladar – Sabor complejo y equilibrado, de taninos maduros y notas de vainilla y café.
Aparejando – Carnes rojas, aves, cordero y caza.

GRAND RESERVE MALBEC 2007: Valle del Pedernal (San Juan).
Color – Rojo-violeta intenso.
Bouquet – Frutas rojas, clavo, canela y vainilla con tonos ahumados.
Paladar – Mezcla de madera nueva y taninos. Buena estructura y equilibrio.
Aparejando – Perfecto con filete de res, tocino y salsas encebolladas y balsámicas.

CENTENARIO CABERNET SAUVIGNON 2007: Valle del Pedernal (San Juan).
Color – Rojo rubí intenso con tonos púrpura.
Bouquet – Aromas de fruta roja y pasas con tonos de tabaco y chocolate.
Paladar – Sabor complejo con taninos bien definidos y notas de vainilla.
Aparejando – Brochetas de res, pollo relleno al horno, salsas al curry.

GRAND RESERVE CABERNET SAUVIGNON 2005: Valle del Pedernal (San Juan).
Color – Rojo rubí profundo.
Bouquet – Fruta madura con sabores de uvas pasas, complementada con notas de chocolate y tabaco.
Paladar – Buena estructura y fuertes taninos con toques de vainilla.
Aparejando – Carnes a la parrilla, filete mignon, lechón al horno.

Disfrútenlos con acompañamiento de tango y tarantella. Salud!

$\mathcal{L}$A INTRIGANTE Y MISTICA ISLA DE JURA

Un whisky Single Malt de más de 500 años de historia

Al oeste de la costa de Escocia, entre suaves brisas marinas, en el corazón del archipiélago de las Hébridas, reposa la Isla de Jura, la más remota y menos habitada isla escocesa – apenas 200 habitantes – de 30 millas de longitud, 7 millas de anchura y una línea costera de 121 millas en total. Habitada por 6000 cabezas de venado colorado de donde la Isla deriva su nombre – *Jura es "venado"* en el idioma Nórdico – cuenta también con una gran diversidad de fauna silvestre y marina. Es un paraíso para los amantes de la Naturaleza coronado por tres majestuosas montañas. Su limitada comunidad trabaja en armonía con el arte de destilar whisky en su corazón. La Isla de Jura es un lugar rico en leyendas envuelto en misterio que emana buena fortuna tanto para sus habitantes como para el nutrido número de visitantes que acuden continuamente a la Isla. El gran filósofo y literato George Orwell escribió su socio-futurista novela "1984" en Jura, rodeado por la natural paz y quietud de la "Isla de la buena suerte".

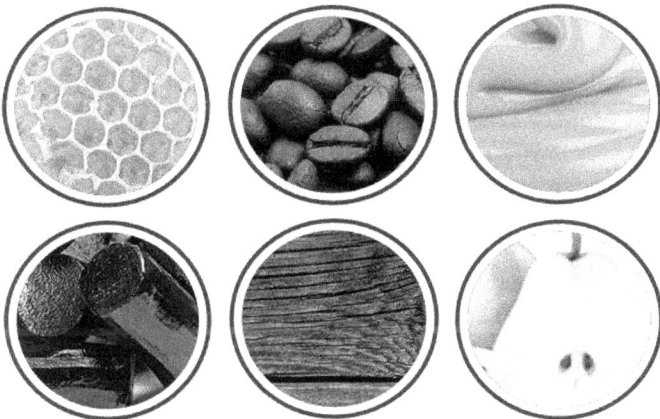

La tierra produce un grano singular que la mano del hombre transforma en una malta única preparada con el agua de manantial más pura en la Destilería de Jura, establecida en 1810. Sin embargo existe evidencia de que el destilado ilícito de whisky comenzó cientos de años atrás – en 1502 – en que la regulación de la producción de espíritus brillaba por su ausencia, abriendo las puertas a los contrabandistas que se enriquecían transportando whisky a los estados europeos y sus colonias. La Destilería se ha expandido durante el paso de los años, aunque ocupando su sede original, alimentada por las fuentes naturales de sus manantiales. Cada botella captura el sabor y espíritu verdadero de esta mágica Isla.

Describamos sus diversos estilos:

ORIGIN. 10 Year Old: Este es el whisky que comenzó la odisea de La Isla de Jura, conllevando los tradicionales símbolos *célticos* de las fuerzas de la Naturaleza. Dormitando por una década en una total quietud, este espíritu seductor de largo final aporta sabores de roble fino, caramelo, suave regaliz y grano de café tostado. Deliciosamente delicado, pero robusto. Distinciones: 90 puntos – *Beverage Testing Institute.*

SUPERSTITION: Jura es una isla envuelta en superstición. Siempre debes de consumir totalmente la botella en el día que se abre. Existen una letanía de costumbres extrañas y desconcertantes en Jura y la que más llama la atención es la cruz de Ankh que, aparece grabada en el centro de la botella, portadora de buena fortuna y gran salud si, al servir el elixir, se sostiene la botella con la cruz en el centro de la palma de la mano. Este espíritu misterioso tiene un estilo y carácter únicos, con sabores de especies, miel y pino con un ligero toque ahumado para un impacto dramático. Distinciones: 93 puntos – *Beverage Testing Institute – Best in Class International Wine & Spirits Compétition 2009.*

DIURACHS' OWN. 16 Year Old: Los *Diurachs* fueron los primeros pobladores de la Isla, procedentes de las tribus Celtas que se establecieron en gran parte de Europa. Este whisky, añejado por dieciséis largos años es el favorito de los isleños. Con un vívido color oro solar combina un fuerte gusto de mantequilla con sabores de naranja y especies, dejando un final de miel y caramelo. Distinciones: 94 puntos *Beverage Testing Institute –Gold Medal. International Wine & Spirits Competition 2009.*

PROPHECY: Su nombre se deriva de la vieja leyenda nacida de la expulsión de la Isla de un anciano brujo por el Clan Campbell, quienes dirigían los destinos de Jura. El hechicero poseía el don del Tercer Ojo – la habilidad de adivinar el futuro – y profetizó que un Patriarca del Clan Campbell abandonaría la Isla de Jura en humillación en un futuro. En 1938, Charles Campbell, herido de la Gran Guerra y ciego de un ojo, cayó en la ruina y tuvo que dejar la Isla.

La Profecía se había cumplido. Este whisky es una selección meticulosa de los más finos *Single Malt* añejados por años. Presenta en el primer sorbo un profundo aroma de madera ligeramente ahumada, canela fresca y especies. Un lento y largo final da paso a suaves notas de regaliz y nuez moscada.

Distinciones: *Best in Class. International Wine & Spirits, Compétition 2009.*

No abandone su suerte! Salud!

$\mathcal{L}$OS VINOS DE POSTRE

Una buena comida es incompleta sin ellos

La sofisticada moda de consumir vinos dulces acompañando exóticas frutas y artísticamente elaborados postres, fue introducida en las Cortes Reales europeas en el siglo XVIII. Tanto el dorado Riesling alemán como el Sauternes francés de "noble podredumbre" o el fortificado Tokay de Hungría, impusieron sus aromas en los decadentes menús de la aristocracia y la rica burguesía que dominaban el panorama epicúreo de esta era, incluyendo así la ecuación vino-postre en la Buena Mesa que perdura hasta el día de hoy. Un magnífico vino de postre no es solo un divino regalo a los sentidos, sino también la forma de coronar una gloriosa comida, debido, entre otros atributos, a la fortificación que adquiere con mezclas de espíritus destilados. La industria vinícola ha evolucionado progresivamente en la elaboración del vino dulce, consciente de su importancia en la moderna dieta social. Ciertos países, como España y Alemania, producen diversas variedades de vinos ideales para acompañar los postres, pero rara es la región vinícola que no cultiva algunos viñedos para elaborar este estilo de vino.

En 1980, cerca de Reedley un poblado situado al sur de Fresno, en California, Andrew Quady, viticultor, enólogo y fundador de *The Quady Winery*, descubrió un pequeño plantío silvestre de una variedad de uva casi desconocida. La *Orange Muscat*, como se la denominó localmente. Proveniente de Italia, país en que se cultiva ávidamente esta variedad, se la denomina *Moscato Fior d'Arancio*, equivalente a Moscatel Flor de Naranja en nuestra lengua. A partir de ese momento, con la ayuda incondicional de su esposa Laurel, Andrew Quady se dedicó exclusivamente en su bodega de Madera (Norte de California) a revelar al consumidor la alta calidad y exoticismo del vino dulce californiano. Elaboremos sobre sus creaciones:

ESSENSIA (100% Orange Muscat): El primer vino lanzado al mercado por las Bodegas Quady. 3 meses de fermentación en barriles de roble francés. Con un color "oro español" presenta un vibrante sabor de naranja y especias. Magnífico con el chocolate, se recomienda en particular con postres basados en almendra, melocotón, manzana o albaricoque. Ideal para mojar bizcochos y rociar panetela. Mezclado con agua de soda resulta en un refrescante "Spritzer"; con champán o vino espumoso nos da un sofisticado "Essensia Royale".

ELYSIUM (100% Muscat Hamburg): Esta uva Moscatel es de las muy escasas de piel negra. Presenta un color rojo carmesí y desarrolla aromas de lychee y rosas. Es un sin

par acompañante de los quesos fuertes (gorgonzola, roquefort, blue cheese) y el mejor amigo de postres conteniendo frutillas rojas, chocolate amargo o mezclas cremosas. Con helado de vainilla se confecciona un apetitoso Elysium Sundae, desde luego, siempre también acompañado por una copa de Elysium.

ELECTRA (100% Orange Muscat): Similar a Esensia pero de bajo contenido alcohólico. Magnífico con las frutas frescas (fresas, mandarinas, melocotón y melón) y gran acompañante de ensaladas y platos orientales. Electra es un vino de pic-nic, ideal para clima cálido. (4% Alcohol). También se produce el ELECTRA ROJO.

DEVIATION (100% Orange Muscat & infusión de hierbas): Su nombre revela un proceso "desviado" del vino en general. Para elaborarlo se unen las hierbas aromáticas "Pelargonium" (geranio rosado) nativo de Sudáfrica y "Damiana" procedente de áreas tropicales de México y Sudamérica combinadas con las uvas Moscatel Naranja. El resultado es un excitante y único vino de postre aromatizado. Excelente como digestivo.

BATCH 88 STARBOARD & QUADY'S STARBOARD 1996: Aunque este vino es un "Oporto", Andrew Quady decidió denominarlo "Starboard" ya que tanto el clima como el suelo de su propiedad en California difiere significativamente del de Portugal. Las variedades de uvas utilizadas, Tinta Roriz, Touriga Nacional y Tinta Cao fueron importadas del Valle del Río Duero, cuna del Oporto portugués, permitiendo elaborar un delicioso vino de gran cuerpo y carácter con un sedoso sabor de uva pasa y chocolate.

Debemos brindar también a la hora del Postre!

$\mathcal{N}$UMANTHIA, EL VINO DE LOS HEROES

Honrando a la histórica ciudad Ibérica que prefirió la muerte a la rendición.

Numancia, ciudad protagonista de las Guerras Celtibéricas durante la conquista de Hispania por los invencibles ejércitos de Roma, es famosa en la Historia Universal por la valentía que mostraron sus ciudadanos en una contienda que se extendió durante 20 años de fieras batallas. Finalmente, en el año 133 A.C., el Senado Romano dio la orden de consumar su total destrucción al Cónsul Escipión el africano, quien sitió la ciudad cercándola con más de 9 kilómetros de vallas con el soporte de torretas, fosos y afiladas barras de hierro. Después de 13 meses de asedio y sangrientas hostilidades, los numantinos decidieron incendiar la ciudad y morir libres antes de vivir como esclavos. Las ruinas de Numancia han sido preservadas como Monumento Nacional y están actualmente abiertas al público simbolizando la tenacidad y resistencia de un espíritu indomable.

Las Bodegas Numanthia, situadas en la provincia de Zamora y pertenecientes a la denominación de origen de Toro, producen vinos exclusivamente tintos de una elegancia monumental, 100% provenientes de la uva *Tempranillo*, denominada *Tinta de Toro* localmente. Fundadas en 1998 por la familia Eguren, procedentes de La Rioja, su meta no ha sido otra sino ofrecer al consumidor los mejores vinos de la región. Las más prestigiosas publicaciones en Enología, *The Wine Advocate, The Wine Enthusiast* y *The Wine Spectator*, han adjudicado a Numanthia puntuaciones oscilando entre los 92 y 97+ en las añadas del 2005 al 2007. Recientemente, en Mayo del 2009, la familia nombró Director General de las bodegas a Manuel Louzada, un portento de la Industria, quien con su extensa experiencia en el arte de hacer vino ha elevado a la cima los caldos de Numanthia. Elaboremos sobre sus tesoros:

TERMES 2008: Las uvas del Termes son seleccionadas por su vibrante, intensa y vívida expresión frutal. Color – Profundo y brillante rojo cereza con ligeras notas violeta.

Aroma – Fresco e intenso bouquet de frambuesa, cereza y pasa roja bien integrado a un toque floral (lavanda y violeta) con notas de especias dulces y eucalipto.

Paladar – La experiencia aromática suave y vibrante continúa. Después de un ataque persistente e intenso, surge una explosión de fruta y, en un largo y complejo final, aparecen notas de especias, tabaco, frambuesa y zarzamora.

Añejamiento – 16 meses en barriles de roble francés.

NUMANTHIA 2007: El estilo de este vino reside en una selección excepcional de uvas procedentes de viñedos de más de 50 años de cultivo.

Color – Profundo y brillante rojo oscuro con tonos rubí.

Aroma – Intenso y complejo ostentando varias capas aromáticas. Primeramente se denotan cereza negra, frambuesa, pasa y casís.

A continuación aparece una perfecta integración con canela, nuez moscada y pimienta negra. Vanilla y tostado surgen finalmente.

Paladar – Impresionante expresión de frutas y suave concentración de taninos dan lugar a un vibrante vino de gran cuerpo. Con un largo y elegante final, nos transporta a degustar aromas de fruta oscura, cacao, tostado y especias, abriendo el paso a un complejo carácter. **Añejamiento** – 18 meses en barriles nuevos de roble francés.

TERMANTHIA 2006: La joya de la colección. De meticulosa elaboración procedente de viñedos de más de 120 años cultivados a una altitud de 800 metros.

Color – Brillante violeta oscuro.

Aroma – Complejo en extremo ofreciendo delicadas notas minerales y balsámicas de cedro, nuez moscada y pimienta negra, perfectamente integradas con vainilla, tostado y cacao. Paladar – Comienza con una sensación redonda y aterciopelada que se acrecenta con firmes y sedosos taninos hasta regalarnos con un persistente final presentando a su vez delicados sabores de cacao, tostado y trufa. Un vino poderosamente elegante.

Añejamiento: 20 meses en barriles de roble francés.

Vinos imperecederos como su ciudad natal!

ℒOUIS XIII

Debut de la Edición Limitada *"Le Jeroboam"* de la Casa Rémy Martin

Considerado como el más complejo y estimado espíritu del mundo, el cognac *Louis XIII*, pináculo de las creaciones de la Casa Rémy Martin, es una combinación única de múltiples "aguas de vida" procedentes de los más finos viñedos *Grande Champagne* de la región de Cognac.

Conmemorando el legado de excelencia histórica que Emile Rémy Martin inició con su introducción muchos años atrás, una nueva versión de *Louis XIII* hace su aparición majestuosamente presentado en un *Jeroboam*, botella artesanal de cristal de Baccarat de tres litros de capacidad.

La increíble historia de *Louis XIII* comienza en 1874, gracias a la brillante intuición de Paul Emile Rémy Martin, embotellando una mezcla de las "aguas de vida" más añejas de sus bodegas en un *"decanter"* único, réplica exacta de un recipiente de metal adornado con "flores de lys" perdido en el siglo XVI en el campo de batalla de Jarnac, hallado 300 años después.

Este mágico elixir, es fruto de la mezcla de 1,200 "aguas de vida" añejadas por espacio de cuarenta a más de cien años, todas exclusivamente procedentes de los más apreciados viñedos de la región de Cognac.

Louis XIII es el más antiguo y fino de los cognacs, producto de una mágica combinación de *"savoir faire"*, arte, paciencia y experto conocimiento del mundo de los espíritus.

Cuatro generaciones de Maestros Destileros han supervisado la producción del elixir por más de cien años, vigilando sus métodos de añejamiento y control de mezclas que resultan en gran armonía, inigualable elegancia y largueza de *bouquet*. ***"Lograr la felicidad es un trabajo de equipo"***, - comenta Pierrette Trichet, actual Maestra Destilera de la Casa Rémy Martin – "Soy solamente un eslabón en la cadena. Los grandes cognacs se desarrollan al paso de varias generaciones profesionales".

Estimado alrededor del globo por su rico legado de innovación y superior mérito, combinado con intensos y complejos aromas de icónico espíritu, *Louis XIII* ha sido siempre considerado como un símbolo de prestigio, siendo partícipe en muchos de los más renombrados acontecimientos de la historia.

Entre otros, las primeras románticas e intrigantes travesías del "Orient Express" (1929), el primer viaje transoceánico de "Le Normandie" a New York (1935) y el debut del primer vuelo supersónico de pasajeros a bordo del "Concorde" (1984). Servido en la mayoría de las Cortes Europeas, *Louis XIII* adorna las Mesas de la Realeza como Embajador del *"art de vivre"*.

En breve, *Le Jeroboam* es una inversión para el consumidor del lujo, con el gusto por el más fino Cognac o para los coleccionistas de objetos del más apreciado valor. Precio: $26,000.

Cada Edición Limitada de LOUIS XIII *Le Jeroboam* INCLUYE:
- Cognac LOUIS XIII *Le Jeroboam* en "decanter" de cristal de *Baccarat*.
- Una pipa de Maestro Destilero para servicio de ritual.
- Cuatro copas de cristal cortado diseñadas exclusivamente para LOUIS XIII.
- Estuche de roble para viaje.
- Libro ilustrado narrando el legado del cognac LOUIS XIII.
- Invitación para el dueño y cuatro invitados a una Cata Exclusiva LOUIS XIII en la Casa de Rémy Martin, en Cognac, Francia.

Una experiencia única

Partícipe de las mesas reales por más de 150 años. Comedor principal del palacio de Versalles (1935)

NDOMABLE TENACIDAD Y GLORIOSA EXCELENCIA

La Casa BACARDI celebra su 150 aniversario presentando su Botella Conmemorativa

BACARDI se creó en Santiago de Cuba el 4 de Febrero de 1862, cuando Don Facundo Bacardí Massó compró una pequeña destilería.

Al cabo de años de experimentación, Bacardí revolucionó la industria de las bebidas alcohólicas al añadir pasos que nunca se habían usado en la elaboración del ron. Seleccionó melaza residual de caña de azúcar de alta calidad, aisló una cepa especial de levadura – que todavía se usa hoy, – filtró y maduró sus rones en barriles de roble blanco norteamericano, y después los mezcló para lograr el "sabor perfecto".

La bebida espirituosa suave y ligera que creó, en oposición al áspero aguardiente de entonces, fue BACARDI – el primer ron de alta clase del mundo y el primer ron que se puede combinar – dando origen a la cultura del "cocktail" que domina el ámbito social de hoy.

Los ingeniosos Maestros de Ron siguen las mismas normas exigentes establecidas por Don Facundo.

"Durante los últimos 150 años, Bacardí – como familia, una compañía y una marca – ha reunido a la gente en fiestas legendarias y cócteles deliciosos. Visite cualquier bar, club o restaurante casi en cualquier parte del mundo, y el impacto que Bacardí ha causado en la industria de las bebidas alcohólicas es claramente visible", afirma Seamus McBride, Presidente y Director Ejecutivo (CEO) de Bacardí Limited.

"Es increíble ver como una compañía de una sola marca fundada hace 150 años ha llegado a convertirse en la tercera potencia de bebidas alcohólicas del mundo, con una envidiable cartera de licores icónicos que incluye el vodka GREY GOOSE, la ginebra BOMBAY SAPPHIRE, el whisky escocés DEWAR'S, el vermut MARTINI, el vodka ERISTOFF y el tequila 100% de agave azul CAZADORES".

Fiestas por el aniversario de BACARDI se han celebrado en todo el mundo presentando a premiados talentos artísticos y musicales, celebridades y muchas otras personas de influencia que, junto a los consumidores, le desearon un feliz 150 cumpleaños a BACARDI.

Alemania abrió inicialmente los festejos junto a Canadá y Estados Unidos. A continuación, Europa, América Latina, Asia-Pacífico y el Oriente Medio se unieron al homenaje. Los invitados celebraron con legendarios cócteles de RON BACARDI, algunos creados hace más de 100 años, que siguen contándose entre los más populares del mundo, como el Original Cuba Libre, el cóctel favorito en todo el mundo con más de seis millones saboreados cada día y los originales-auténticos BACARDI Daiquirí, Mojito y Piña Colada.

Desde su creación el ron BACARDI se ha disfrutado en más de 365,000 millones de cócteles. Eso significa que cada segundo del día más de 200 cócteles BACARDI se sirven y se degustan en todo el mundo.

Para rendir homenaje conmemorando los 150 años de experiencia y arte de la Compañía en la elaboración de ron, ocho Maestros de Ron, todos miembros de la familia Bacardí, han combinado su extraordinario talento para crear un ron muy especial, de edición limitada: el "Ron Bacardí de maestros de Ron, Vintage MMXII".

La mezcla estilo antiguo, una combinación de los mejores rones madurados en los últimos 20 años y acabados en barriles de coñac de 60 años de vida, se presenta en una garrafa de cristal de Baccarat de 500 ml. Colocada en un estuche de cuero al precio de US$2,000.

"La pasión y el espíritu empresarial que mostró mi tatarabuelo en Santiago de Cuba hace siglo y medio Crearon un ron excepcional que cambiaría la Industria para siempre" Palabras de Facundo L. Bacardí, quinta generación de la Familia.

Brindemos por este Aniversario sin igual!

$\mathcal{L}$A VIBRANTE RIOJA

España presenta en la "IV Gran Cata Anual" su tradición y su "nueva ola"

La ciudad de Miami fue la anfitriona del gran evento "La Vibrante Rioja", el acontecimiento enológico de más alto calibre internacional del vino español. New York, Chicago y San Francisco precedieron a la Ciudad del Sol en la celebración de esta "IV Gran Cata". Aunque es técnicamente la más antigua región vinícola de España, La Rioja nos presenta una constante evolución que combina un perfecto equilibrio entre tradición e innovación. El evento de este año, celebrado el pasado mes de Abril en el lujoso Hotel Intercontinental, nos ha demostrado la gran compatibilidad mutua y excelencia en calidad de una nueva generación de propietarios y maestros bodegueros de gran talento enológico. Los asistentes tuvieron la oportunidad de catar más de 200 Riojas, tintos en su mayoría, representados por 50 compañías importadoras vinícolas.

Elaboremos sobre los colosos del evento:

"Castillo Ygay 2004". Gran Reserva Especial (93% Tempranillo – 7% Mazuelo): Un elegante vino clásico. De un profundo color rojo granate, aromas de fruta oscura y gran cuerpo, Castilo de Ygay – perteneciente a las Bodegas Marqués de Murrieta – se embotella exclusivamente en los años de mejores cosechas.

Ideal para servirse con carnes rojas, asados, caza, jamón curado y quesos fuertes.

"Conde de Valdemar 2005". Reserva (90% Tempranillo – 10% Mazuelo): De brillante color rojo cereza, con aromas de vainilla dulce, cedro y especias. Este formidable Reserva está perfectamente balanceado por su excelente acidez, taninos medianos con un suave y largo final. Un gran acompañante de carnes asadas, caza a la parrilla y quesos semisuaves.

"Barón de Ley 7 Viñas 2005" (55% Tempranillo – 15% Garnacha – 15% Graciano – 7% Viura – 5% Malvasia – 2% Garnacha Blanco): Una impresionante muestra de "El Viejo Rioja" se encuentra con "El Nuevo Rioja".

Como un homenaje al tradicional estilo de hacer vino, Barón de Ley 7 Viñas contiene, en diferentes porcentajes, el espíritu de las siete variedades de uva permitidas por la Denominación de Origen en la producción de vino riojano. El color es morado profundo de borde brillante. Se aprecian aromas de frutillas del bosque maduras combinados con fragancias florales de violeta y rosa oscura. En el paladar presenta un vino elegante y perfectamente equilibrado de suaves taninos. Servirlo con aperitivos, aves, carnes en general y todos los quesos.

El mejor ejemplo de un vino innovativo.

"Ontañón 2004". Reserva (85% Tempranillo – 15% Graciano): Las uvas utilizadas para la producción de este vino proceden de cepas longevas de los más bellos y recónditos viñedos familiares. Tinto clásico, posee una equilibrada acidez natural, resultado de su cultivo a más de 700 metros de altitud. Emana intensos aromas de fruta madura con trazos minerales y de chocolate negro. Este vino es elaborado únicamente en añadas de una calidad excepcional. Se recomienda acompañando carnes rojas, quesos curados y patés.

Salud saboreando los Tintos más finos del mundo!

ℰL UNIVERSALMENTE POPULAR *PINOT GRIGIO*

Una Gloria de Italia

Escasos vinos blancos han alcanzado la cúspide del Mercado en tan breve tiempo como el *PINOT GRIGIO*. Fue la maestría ecológica italiana la que se adjudicó con este vino una fama espectacular entre los amantes del arte vinícola, particularmente en Estados Unidos, donde goza de una popularidad inusitada. Incluso en la mente de los consumidores primerizos, esté suave y refrescante vino es la primera opción en celebraciones de todo tipo, en visitas a restaurantes y consumo doméstico.

Originalmente *Pinot Grigio* es una variedad vitivinícola derivada de la Pinot Gris francesa, la cual no ha tenido gran éxito en el mercado internacional. Por el contrario, el vino Pinot Grigio se produce y es reconocido como una obra maestra en Europa y el continente Americano, siendo Italia la madre de este elixir y la región Friuli Grave su gran productora, debido a la expresión de su terroir de óptimas condiciones climatológicas. Las Bodegas Pighin & Figli, son los artífices del Pinot Grigio de más calidad y alta tradición de Italia, propiedad de la aristocrática familia desde 1963. Localizadas en Friuli, PIGHIN está considerada como la productora de vinos más avanzada técnicamente. Debemos de mencionar su Sauvignon Blanc, resultado también de su sabiduría enológica.

Elaboremos sobre las joyas de la colección:

PINOT GRIGIO FRIULI GRAVE 2010 (100% Pinot Grigio) : El vino es de un brillante color oro con un matiz ámbar. De cuerpo de mediana textura, muestra dulces aromas de banana y pera en su *bouquet* y en el paladar, con una acidez acariciante. Se desarrolla bien en botella por hasta cuatro años. **Alcohol:** 12.4%

Recomendaciones: Magnífico con aves, pescados y mariscos, platos ligeros de pasta, creaciones vegetarianas y quesos suaves.

PINOT GRIGIO COLLIO 2009 (100% Pinot Grigio): Vino de un color amarillo pajizo. Emana un *bouquet* de atractivas notas cítricas. Al paladar le confiere una acidez fresca, presentando un cuerpo sorprendente y gran personalidad mineral con notas de pera y manzana. Final limpio y fresco. **Alcohol:** 13%

Recomendaciones: Ideal con pescados blancos y mariscos, sushi, vegetable risotto y carnes blancas de aves, puerco y ternera.

SAUVIGNON FRIULI GRAVE 2011 (100% Sauvignon Blanc): Color amarillo pálido, el vino muestra persistentes aromas de hojas de tomate, con notas de pimiento verde silvestre y flores frondosas. En el paladar es un vino con elegantes, frescos e intensos sabores, presentando un excelente y largo final.

Alcohol: 12.5%. **Recomendaciones:** Sopas cremosas, especialmente de vegetales, soufflés y platos de huevos y espárragos. También excelente con salami.

El vino para todos los gustos!

EL PORTADOR DEL ESTANDARTE DEL WHISKY ESCOCÉS

"The Macallan" Single Malt presenta su nueva y exclusiva colección.

Después del año 1814, los viajeros en Escocia tuvieron que cruzar el famoso puente sobre el río Spey donde se yergue "The Macallan". Su nombre se cree derivar de dos palabras procedentes del idioma *Gaelic*, "MAGH", cuyo significado es "Tierra Fértil" y "ELLAN", describiendo a "San Fillan", monje irlandés que propagó incansablemente el Cristianismo por las tierras de Escocia. Durante siglos los habitantes del área destilaban whisky en los inviernos, del grano de cebada que cultivaban en sus propias tierras.

El nuevo milenio ha sido testigo de los mayores éxitos de "Macallan". En 2004 recibió su sexto *Queen's Award for Enterprise,* proclamado por su excelencia el *Single Malt No. 1* de Escocia, destilado exclusivamente de malta de cebada perla. Sucesivamente, en 2005, una botella de *The Macallan Fine and Rare Collection 1926* alcanzó un precio de 36,000 Libras Esterlinas, el más alto precio pagado en subasta. Ese mismo año se lanzó al Mercado *"The Macallan Fine Oak"* recibiendo una aclamación mundial.

Posteriormente, en 2006, comenzó la aparición de *The Macallan & Lalique,* whiskeys de largo añejamiento embotellados en piezas exclusivas del cristal cortado de más clase del mundo. Esta colección de joyas espirituosas consta de:

Macallan& Lalique 50 Years Old, $5,995.00.
COLOR: Sol de medianoche y oro Viejo.
AROMA: Notas de especias (comino y cardamom) y de marrasquino intenso. PALADAR: Ciruelas oscuras aromáticas y chocolate –

55 Years Old, $14,000.
COLOR: Palisandro oscuro.
AROMA: Frutas secas dulces y exóticas con un toque de ahumado.
PALADAR: Suave y sedoso con toques cítricos y de especias

57 Years Old, $15,000.
COLOR: Caoba intenso.
AROMA: Gengibre, uva pasa, naranja, vainilla con notas de madera de roble

60 Years Old, $20,000.
COLOR: Cobre profundo.
AROMA: Complejo integrado por canela, manzana tostada y limón, combinado con hoja de zarzamora y roble.
PALADAR: Cítricos dulces y chocolate amargo acariciado por un ligero ahumado.

La destilería, construida en 1700, es muestra de gran orgullo por sus **"Seis Pilares de Macallan"**:
Un Hogar Espiritual: Es una clásica Hacienda Jacobina de cara a los campos, colinas y ríos de Escocia.

Alambiques curiosamente pequeños: Estos son alambiques de un tamaño único para asegurar la elaboración de un espíritu con un máximo contacto con el cobre, ayudando a la concentración del elixir.

Excepcionales barriles de roble: Están confeccionados hechos a mano o escogidos de la vasta bodega.

El corte más fino: Solamente el 16% del destilado de los alambiques se selecciona para pasar a las barricas de añejamiento, siendo un robusto distintivo del "nuevo estilo" del comienzo de los "Macallan".

Color Natural: El hecho de escoger los barriles más excepcionales comunica al espíritu una maravillosa variedad de colores cristalinos.

Momento selectivo: Vigilar en todo momento cuándo cada barrica está en la cima de madurez y el espíritu está en perfecto estado de embotellamiento. Esa maestra combinación es el secreto de la creación del "mejor whisky del mundo".

La línea completa de "The Macallan" presenta la siguiente variedad: 10 Yrs. – 12 Yrs. – 15 Yrs. – 17 Yrs. – 18 Yrs. – 21 Yrs and 25 Yrs.

Acompañar con música de Gaita!

$\mathcal{M}$IS MÁS PRECIADOS VINOS LOS VIGILA EL MISMO SATAN

Advertencia en las Bodegas de Don Melchor de Concha y Toro

En los últimos años del siglo XIX, Don Melchor de Concha y Toro, un eminente chileno, Hombre de Estado, brillante negociante y dueño de viñedos, descubrió que sus más atesorados vinos habían sido sustraídos de los *casilleros* de las bodegas que poseía en los sótanos de su casa ancestral. Para prevenir estos robos, el emprendedor Don Melchor esparció el rumor de que sus profundas y oscuras bodegas estaban encantadas por el Diablo, vigilante eterno de sus joyas vinícolas. Así nació la "Leyenda del Casillero del Diablo", hoy en día los vinos más vendidos alrededor del mundo. La bodega original de la Hacienda Cocha y Toro, con su "Casillero", es en la actualidad la mayor atracción turística de Chile.

Quizás los vinos estén almacenados en un hipotético infierno, pero son producto de un auténtico paraíso vinícola. Adoleciendo de la caricia perenne de la luz del sol, viento fresco, viñas inmunes a la filoxera, gran abundancia de tierra y trabajadores experimentados, Chile es el sueño del productor de vino. Si le añadimos una larga tradición basada en las más celebérrimas variedades de uvas francesas y avanzadas técnicas de producción, tenemos una combinación de premio. La más alta calidad de vinos con un gran valor intrínseco los lanzó Cocha y Toro en 1963 bajo la denominación "Casillero del Diablo". Una década después la compañía se convirtió en uno de los primeros productores en exportar sus vinos a los Estados Unidos.

"CASILLERO DEL DIABLO debutó en el mercado en 1953 lanzando su cabernet sauvignon y fue introducido en los Estados Unidos en 1966. Desde 1998, bajo la dirección de Marcelo Papa, Maestro Bodeguero y enólogo han llovido premios y menciones honoríficas para la Compañía, alcanzando el zénit de la Industria al vigorizar hasta un punto impresionante la línea *"Casillero del Diablo"* y llevar a cabo otras asignaciones que le hicieron merecedor, no una, sino dos veces, del nombramiento de "Maestro Bodeguero del Año".

La línea *"Casillero del Diablo"* es extensa, consistiendo en las siguientes creaciones:
CABERNET SAUVIGNON, CARMÈNERE MERLOT, PINOT NOIR, MALBEC, WINEMAKER'S RED RESERVA PRIVADA, CABERNET, SAUVIGNON/SYRAH RESERVA PRIVADA MALBEC/ MALBEC   CHARDONNAY, COASTAL WHITE, SAUVIGNON BLANC Y SAUVIGNON BLANC LATE HARVEST

De esta cuantiosa colección vamos a entrarnos en las marcas más solicitadas del Mercado:
CABERNET SAUVIGNON (100% Cabernet Sauvignon): Este clásico es el vino insignia de "Casillero del Diablo". Presenta un color rojo rubí intenso, desplegando aromas de cerezas, uva pasa y ciruela negra. Es altamente concentrado, rico en sabor, perfectamente equilibrado y nos satisface con un persistente final. Con una gran estructura se recomienda con asados, estofados, caza, pastas y quesos robustos.

CARMÈNERE (100% Carmènere): Este es prácticamente fruto de la uva oficial de Chile. Ostenta un color violeta profundo, portando aromas de ciruela negra y chocolate con toques de café y roble tostado. Vino de gran cuerpo y estructura, enmarcado generosamente por un sabor de roble Americano tostado. Formidable con carnes rojas, pasta y quesos suaves.

MALBEC (100% Malbec): Con un color violáceo purpúreo, presenta aromas de fruta oscura con toques de especias. Sabores de ciruelas, especias y cacao acarician el paladar. Largo final. Magnífico con parrilladas de carnes y vegetales. Gran acompañante de quesos firmes.

PINOT NOIR (100% PINOT NOIR): Un tinto ligero de un color frambuesa clara y brillante. Se aprecian aromas de arándanos, uva pasa roja y granada, balanceado con una buena acidez. Un vino de mediana viscosidad que nos presenta un largo final con toques de especias. Magnifico con carnes blancas, aves, cocina oriental y ensalada de frutas frescas.

CHARDONNAY (100% Chardonnay): Un vino expresivo y elegante. Luciendo un atractivo y luminoso color amarillo-limón, presenta tentadores aromas de piña, frutas cítricas y vainilla. Un vino perfectamente equilibrado, con una brillante acidez y un largo y memorable final. Se recomienda para acompañar mariscos, aves, pastas con salsas ligeras y mayoría de quesos.

SAUVIGNON BLANC (100% Sauvignon Blanc): Adolece de un color paja con tonos verdosos. Sus aromas son frescos y atractivos presentando toques cítricos, melocotón y grosella silvestre. Un vino redondo de crujiente acidez que nos transporta a un largo y festivo final. Gran acompañante de pescados y mariscos frescos y moluscos como las almejas y ostras al natural.

Si Lucifer los hubiera probado, no quedaría uno!

$\mathcal{E}$L RESULTADO DEL AMOR POR LA NATURALEZA

Cultivando y saboreando la viva belleza de los vinos Hilliard Bruce

Si uno pudiera visitar todos los viñedos que existen en el mundo, nunca podría ver ningún otro que presente para su cultivo unas filas de cepas impecables, de viñas perfectamente enrejadas y de un increíble Sistema de precisos mecanismos de riego como los viñedos **Hilliard Bruce**, situados en las pendientes de las colinas de Santa Rita Hills en la Costa Central de California. Sus propietarios son el matrimonio John Hilliard y Christine Bruce.

Christine, una renombrada criadora de caballos árabes, necesitaba de una hacienda en la que pudiera criar y entrenar sus caballos y John, un enamorado del vino, artista y hombre de negocios, estaba determinado a cultivar él mismo sus viñedos y producir los mejores vinos en nuestra Industria, bajo la guía de Tom Prentice, enólogo de fama reconocida. Por esta razón ambos decidieron establecerse en Santa Rita, dando un máximo ejemplo de maestría en jardinería y en el cultivo de viñedos de las variedades Pinot Noir y Chardonnay, procedente de la excelencia que poseen en la creatividad visual y musical, ya que los dos fueron reconocidos artistas en un pasado reciente. Su meta actual es la producción de vinos tan maravillosos y evocadores de la belleza de sus viñedos y campiñas agrícolas que recompensan a ambos con cada cosecha que surge en el Mercado.

Les presentamos las más recientes obras maestras de las Bodegas Hilliard Bruce, certificadas oficialmente como Sostenibles en el mundo de la Agricultura:

CHARDONNAY 2011 (100% Chardonnay): Producto de las uvas que se dan en los bloques situados en la esquina más fría de la propiedad, en muchas ocasiones la última área en que brilla el sol. Christine Bruce supervisa la producción con un estilo que combina una vívida acidez con un sutil equilibrio frutal y mineral, presentando un moderado toque de Madera, dejándolo reposar por 16 meses en barriles de roble francés. Contenido alcohólico 14.3%. Se recomienda con pescados y mariscos frescos, aves, platillos orientales y ensaladas de frutas.

John Hilliard y su esposa Christine Bruce, propietarios de los vinos Hilliard Bruce

PINOT NOIR "EARTH" 2011 (100% Pinot Noir): "Earth" se produce utilizando la uva más temprana en cosecharse del viñedo. Es un vino magro que representa la mayor sutileza de la variedad Pinot Noir de la bodega. Descansa por 18 meses en barriles de roble francés antes de embotellarse. Contenido alcohólico 13.75%.

PINOT NOIR "SKY" 2011 (100% Pinot Noir): "Sky" combina la alta intensidad de fruta con un alto perfil acídico, debido a llevar a cabo una cosecha temprana. Un vino de cuerpo ligero y sedoso gracias a 18 meses de reposo en barriles de roble francés. Contenido alcohólico 13.75 %.

PINOT NOIR "SUN" 2011 (100% Pinot Noir): Se produce consistentemente cada año, ofreciendo una brillante expresión frutal con capas de gran profundidad conductoras a la matriz del vino. Con 18 meses en barriles nuevos de roble francés, ofrece un elixir poderoso con un contenido alcohólico del 14.2%.

Todo Pinot Noir representa suaves matices de fruta roja y se aconseja acompañando aves al horno, ternera, atún fresco, pastas con salsas ligeras, quesos suaves y cremosos. Excelente con platillos orientales.

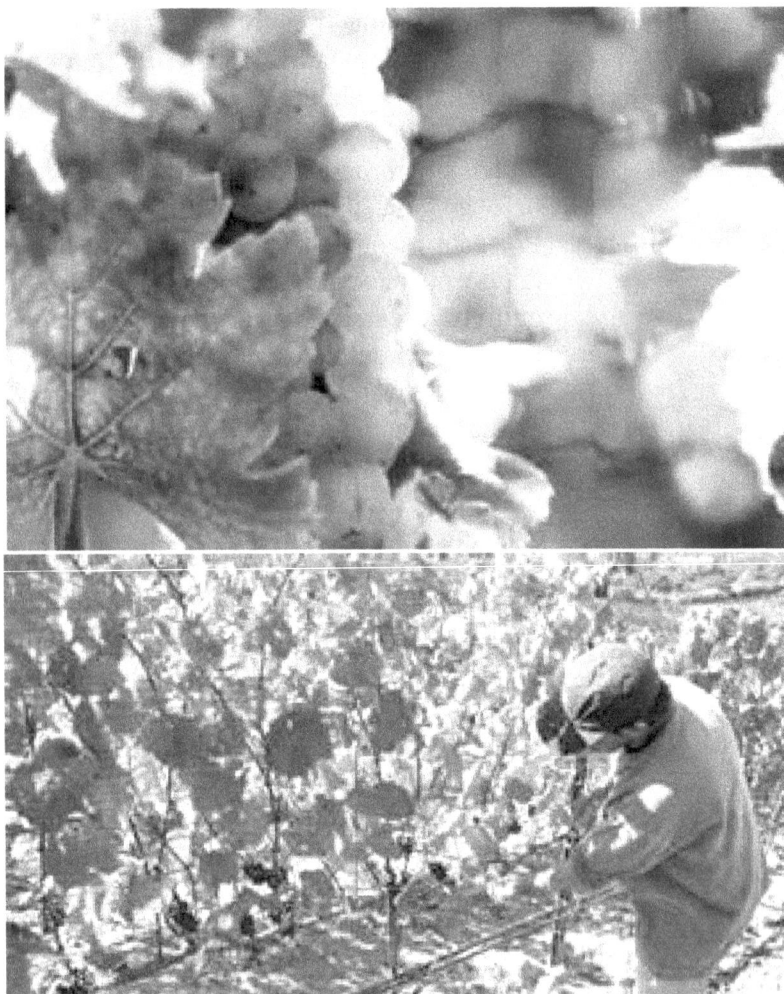

DESDE LAS RÍAS BAIXAS DE GALICIA

"Martín Códax" distinguido Embajador del sin par Albariño

En 1986 nacen las Bodegas Martín Códax tomando por nombre el del más célebre trovador gallego del que aún se conservan sus cantigas, las más antiguas del galaico-portugués en las que se canta al amor y al mar que baña las Rías Bajas de Galicia.

Desde su comienzo las Bodegas han crecido y evolucionado apoyando siempre a su gente, su tierra y su cultura. Una cultura que promueve por más de 40 países en todo el mundo.

Un proyecto que comenzó con la ilusión y el esfuerzo de un grupo de viticultores y que, hoy en día, es ya una realidad que ha convertido a Bodegas Martín Códax en emblema de los vinos Gallegos fuera y dentro de sus fronteras. Sus vinos se elaboran siguiendo novedosas técnicas sin olvidar tampoco los métodos tradicionales.

Sus viñedos, ubicados en pequeñas parcelas, se caracterizan por usar el clásico sistema del emparrado y son cuidados con gran esmero, siguiendo los consejos de su personal técnico de viticultura para conseguir así la máxima calidad posible. Generalmente la vendimia comienza a mediados de Septiembre, es manual y los racimos se depositan en cajas de no más de 20 Kg. para evitar que se aplasten y su calidad disminuya. Una vez en la bodega y ser las uvas analizadas para conservar su limpieza, se depositan en una prensa neumática encargada de extraer el mosto. A continuación comienza el proceso de fermentación alcohólica que se lleva a cabo en depósitos de acero inoxidable de 30,000 litros de capacidad. Cuando ésta termina, empieza la fermentación maloláctica, que transforma los ácidos málicos en lácticos, evitando así una acidez excesiva.

Por último, el vino es estabilizado y embotellado.

Generalmente se recomienda disfrutar de un Albariño cuando es joven, uno o dos años después de la cosecha, razón por la que la del año 2011 es ideal para su consumo. Este es un vino delicado de cuerpo mediano, con un final festivo, de boca crujiente y seca.

Altamente aromático, trae al paladar notas de manzana, durazno, pera y cáscara de limón, enmarcados en toques minerales y de especias.

Para un maridaje perfecto, degustar Martín Códax con mariscos de temporada. Debido a su mineralidad y a su pronunciada acidez, el vino se combina a la perfección con los frutos del mar, comida emblemática de la región de las Rías Baixas, cuna del gran Albariño. Su reducido contenido alcohólico de 12.8% ayuda a acariciar el paladar con un largo y sedoso final.

Una auténtica "fiesta mental"!

TRIVENTO: VINOS INSPIRADOS POR LOS VIENTOS CAMBIANTES DE LOS ANDES

Animada conversación con su Maestro Bodeguero Maximiliano Ortiz

A mediados de los 1990 "Concha y Toro", la principal productora vinícola de Chile, sumó a sus propiedades una colección de viñedos en Mendoza, Capital del Vino de la vecina Argentina. No había duda alguna de que regía un "cambio en el aire" dando paso a TRIVENTO, nombrado así por los tres vientos procedentes de Los Andes que barren la región de Mendoza influyendo en su clima, ideal para el cultivo de la vid y la producción de grandes vinos. He aquí los protagonistas:

El viento *Polar* ofrece la frescura del invierno. El *Zonda*, soplando desde Los Andes, cálidamente anunciando la llegada de la primavera y el *Sudestada*, que da la bienvenida a los viñedos con su sol espectacular de verano. En la actualidad los vinos de TRIVENTO se aproximan a pasos agigantados a la cima de la reputación internacional como los más finos y de más alta calidad de Argentina.

Maximiliano Ortiz nativo de Mendoza y en la actualidad un joven y brillante Maestro Bodeguero comenzó con la compañía en 2006 como supervisor de Control de Calidad de la uva, verificando sus condiciones sanitarias realizando los correspondientes análisis químicos y, posteriormente, encargándose de supervisar el proceso de añejamiento en barril de roble.

"Mis comienzos en el mundo del Vino datan de mis tiempos en la Secundaria, aunque mi abuelo me había iniciado ya dándomelo a probar a los 6 años de edad" afirma Maxi. "Mi finalidad es la satisfacción del consumidor, distanciándome ligeramente de lo tradicional y profundizando agudamente en la innovación", nos enfatiza. "Al término de mis estudios de Bachillerato comencé mi carrera en la Facultad Don Bosco de Enología y Ciencias de la Alimentación despertando de forma definitiva mi interés por ingresar en la Industria Vitivinícola".

Encantador y carismático, Maxi recibe en las bodegas a grupos especiales de clientes y dirige las catas para profesionales y ejecutivos que se benefician de su claridad y experiencia. Su responsabilidad son los vinos de la línea *Golden Reserve*, razón por la cual catamos juntos durante nuestro gran almuerzo los siguientes vinos:

Golden Reserve Malbec - Torrontés Reserve –Trivento Cabernet sauvignon. Añada 2013. Siguiendo mi técnica de entrevistas, insté a Maximiliano que me describiera característica de los vinos utilizando exclusivamente tres palabras:

Golden Reserve Malbec
COLOR: "Rojo", "Intenso"," Brillante"
AROMA: "Joven", "Frutal", "Equilibrado"
PALADAR: "Suave", "Dulce", "Bebible" (referencia a cantidad considerable)

Torrontés Reserve
COLOR: "Plata", "Brillante", "Tintado"
AROMA: "Floral", "Intenso", "Cítrico"
PALADAR: "Fresco", "Mineral", "Complejo".

Trivento Cabernet Sauvignon
COLOR: "Ladrillo", "Joven", "Brillante"
AROMA: "Especiado", "Herbáceo", "Complejo"
PALADAR: "Amaderado", "Especiado", "Amaderado".

Bienvenido. Gracias por el toque mágico de tus vinos!

$\mathscr{L}$A ESPIRITUOSA PRE Y POST COLOMBINA LATINOAMERICA

Su exitosa absorción de la vinicultura, integrando a su vez sus tradiciones

América Latina comprende en la actualidad, como sabemos, la totalidad del continente de Sud América, Centro América, México y las islas del Caribe. La similitud entre los países actualmente existentes, debida a su cultura, historia, lengua, clima y aspiraciones comunes constituye una de las regiones geopolíticas de mayor homogeneidad en el planeta. La Iglesia Católica y sus embajadores jesuíticos acompañaron a los conquistadores españoles y portugueses en todos los viajes al Nuevo Mundo trayendo consigo la Fe en Dios y La Vid, su principal herramienta Litúrgica. La propagación del cultivo de la vid para la producción de vino con propósitos sacramentales se universalizó en el continente y, con el paso del tiempo, emigrantes europeos crearon la industria vitivinícola, en la actualidad uno de los pilares más sólidos de la economía de los países latinoamericanos bendecidos con el clima propicio.

Sin embargo, la población indígena de la Era Pre-colombina, ya poseía una ancestral historia de brillantes logros políticos, sociales y culturales que se remontaba a miles de años. Fueron también los ritos de sus diversas religiones las fuentes creadoras de "bebidas placenteras" como ofrecimiento a sus Dioses, consumiéndose también en celebraciones políticas y sociales, que hoy las llamaríamos folclóricas.

Desde el norte de México hasta La Patagonia, en el polo sur, el fenómeno de la fermentación era ampliamente practicado. Era de común conocimiento que las dulces frutas tropicales, ciertas hierbas, plantas o raíces con un contenido natural de azúcar, en combinación con una fuente de levadura o ciertas bacterias radicadas en su estructura botánica, una vez maceradas con una pequeña dosis de agua pura, producían una bebida aromática y relajante, con un bajo contenido de alcohol. Uno de los fermentados más populares durante los Imperios Azteca y Maya fue el pulque, un hidromiel acervezado proveniente del corazón del agave o maguey, el cual se sigue consumiendo hoy en día. Ahora bien, existe un record documentado como el primer destilado de América.

Como resultado de una catastrófica tormenta eléctrica en el Valle de Jalisco (México) el corazón del agave fue truncado por una sucesión de rayos que proporcionaron un calor inusitado, creando una destilación de alto contenido alcohólico. Los aztecas lo denominaron Tequila, en su lengua, regalo de los Dioses. Existe escasa documentación sobre los tipos y estilos de fermentados pre-colombinos, pero el hallazgo de ánforas, frescos y artefactos en Teotihuacán, Matchu-Pitchu, Monte Albán y otras ruinas de monumentales centros urbanos y religiosos, demuestran la existencia de "dulces bebidas de placer". La llegada del cultivo de la vid, acompañada de su proceso correspondiente para la producción del vino y de una emigración sin precedentes, abrió una nueva etapa socio-cultural e industrial que a largo plazo transformaría el estilo de vida indígeno-europeo. Argentina y los valles chilenos, con sus idóneas condiciones climáticas, están actualmente al frente de la producción de vino en América Latina y estadísticamente se encuentran entre los diez países de mayor contribución vinícola en el mundo. Otras áreas enclavadas en Brasil, Uruguay y Perú se han sumado a la producción de vino, pero sin gozar de tan espléndidos microclimas.

Aguardiente Cristal (Colombia) — Bianchi (Argentina) — Ron Bacardi (Cuba botella siglo XIX) — Casa Lapostolle (Chile) — Pisco Capel (Chile)

A principios del siglo XVI hizo su aparición el "espíritu" en el Nuevo Continente: el método de la destilación. Descubierta en el Oriente Medio desde tiempo inmemorial e introducido en las cortes europeas por el gran físico y alquimista Michel Savonarola durante el Renacimiento de los Médicis, su fórmula se expandió sin límites. Este fenómeno, unido al descubrimiento del Brandy en los Países Bajos, fue adoptado por los conquistadores españoles. Frutas, hierbas, raíces, flores, caña y muchas viandas susceptibles, pasaron de la fermentación a la destilación simplemente aumentando la dosis de agua pura, sometiendo la mezcla a un fogoso calor. El vapor resultante nos daba el "espíritu" del ingrediente dominante, con un alto contenido alcohólico. Un sin número de destilados surgieron con la creatividad de la población indígena. Tequila, Mezcal, Bacanora, Raicilla y Charanda en México. Pisco y Konchak en Perú y Chile. Cachaza en Brasil, Ron en Puerto Rico, Cuba, Venezuela y zonas limítrofes, Ron con especies exóticas dominaron las Antillas. Aguardiente en Colombia y Santo Domingo. Y el más importante hasta la fecha: el destilado doméstico-familiar que se puede degustar en la actualidad en todas las regiones de América Latina.

LA VIDA EN ROSA

"...TODO ES SEGUN EL COLOR DEL CRISTAL CON QUE SE MIRA"

En las fechas en que los *Enamorados* celebran los flechazos de Cupido, es el más oportuno para brindar homenaje a los vinos rosados, excelentes para la mesa y el "copeo". Con excepción de los profesionales de la cultura vinícola y aislados aficionados, la elaboración, historia, procedencia y características del Vino Rosado son ignoradas por el consumidor en Estados Unidos e incluso en ciertos países europeos.

Los champagnes, cavas y espumosos son más populares que los vinos de mesa, los cuales se hallan relegados a segundas opciones. Es exactamente opuesto a lo que las crónicas históricas afirman. Los griegos son acreditados con la aparición del vino rosado, fruto del templado clima mediterráneo, siendo el de más abolengo y calidad el procedente de las Costas de La Provenza en el sur de Francia. El poeta Homero nos relata en *La Iliada* las ofrendas de los rosados néctares a Júpiter y Afrodita, diosa del Amor. Herodoto hace numerosas referencias en su *Historia* al dulce jugo de las uvas mediterráneas. Terpsícore, musa de la música y la poesía aparece en múltiples murales escanciando el néctar rosado. Los toscos vinos tintos de entonces nunca gozaron de una presencia en el Olimpo.

La elaboración del vino rosado difiere de los métodos convencionales debido a la adquisición de su color. Las uvas tintas junto con los hollejos son estrujadas pasándose a un lagar para comenzar el proceso de fermentación. La piel comienza a colorear el mosto hasta que se consigue la apariencia deseada. Pueden ser solamente horas o días dependiendo de la profundidad del color que se busca. Seguidamente se remueven los hollejos reanudándose así el método tradicional para hacer vino. El rosado debe de tomarse en su juventud y bien fresco, es ideal para copeo en climas templados, acompañando maravillosamente la cocina mediterránea.

Los champagnes, específicamente los rosados, proporcionan una romántica aureola a una cena íntima.

CHAMPAGNE Y VINOS ROSADOS FRANCESES: *Krug, Louis Roederer Cristal, Dom Perignon, Laurent-Perrier, Veuve Clicquot, Pol Roger y Moet & Chandon*, entre otros, son los más tradicionalmente reconocidos en el mercado. Sin embargo existen otros champagnes rosados, no tan populares, pero de la más alta calidad y de precio razonable. Citemos el gran *Lanson, Nicolás Feuillatte y Bellefon*.

En cuanto a vinos de mesa les recomiendo *Rosé D'Anjou,* Barton et Guestier, semidulce; *Rosé Tavel,* Domaine Longval, un seco aterciopelado; y el más apreciado, *Cotes de Provence,* de Maison Nicolas.

CAVA Y ROSADOS ESPAÑOLES: Una gran alternativa para gozar de la calidad y aprovechar el valor intrínseco del *méthode champenoise* es el saborear un buen Cava del Penedés. Recomendamos *Freixenet Brut de Noirs*, de un color rosado asalmonado, de suave sequedad y con un placentero sabor a cereza madura y frutillas del bosque y *Marqués de Monistrol Brut Rosé*, seco y ligero. En vino de mesa podemos gozar del riojano *El Coto Rosado* y el típicamente mediterráneo *René Barbier*.

"SPARKLING"CALIFORNIANO: Las más prestigiosas bodegas europeas tienen años produciendo vinos espumosos en California. Recomendamos *Chandon Blanc de Noirs, Etoile Rosé, Louis Roederer Estate Rosé*, *Pacific Echo* de *Clicquot* y los fabulosos *Gloria Ferrer Brut Rosé,* una mezcla maestra de uvas Pinot Noir y Chardonnay; y *Gloria Ferrer Blanc de Noirs* con aromas a fresa silvestre y cereza negra con fino toque de vainilla. Dignos de mencionar también son los spumantes italianos *Prosecco, Francia Corta* y *Asti*, así como el vino de mesa siciliano *Tasca D'Almerita Rosato*.

Felicidades a todos los enamorados!

$\mathcal{B}$EAUJOLAIS NOUVEAU: El "Viejo Estilo" nos visita de "Nuevo"

Un típico paisaje de los viñedos de Beaujolais-Villages

Hace unos cuantos años, en el restaurante del gran Chef Paul Bocuse en Collonges, el portentoso bailarín y coreógrafo Gene Kelly se deleitaba con un grupo de amigos de las creaciones culinarias de la Casa. Era el 21 de Noviembre y esa noche se iba a saborear el Beaujolais Nouveau del año. Una vez servido en su vaso borgoñés, se cató con impaciencia y uno de los comensales comentó, "este vino podía haber esperado una semana más". Gene contestó con su especial sonrisa: "Quizá pueda esperar, pero yo no.
El vino es como un bailarín en acción, debe de moverse con una flexibilidad infinita".

El Hombre no sabía cómo proteger el vino de la oxidación. Considerando que la botella y el corcho, principio del sistema de añejamiento del vino, tienen menos de trescientos años de historia y menos tiempo aún el sellado hermético, el vino se conservaba en cubas de madera, pellejos de piel o ánforas que permitían el contacto con el oxígeno, subsecuentemente avinagrándolo. Desde su primer record Bíblico de existencia atribuido a Noé (Génesis 9:20), hasta finales del siglo XVII, siempre se bebió el vino "joven" o "vino nuevo" del año.

En 1951 Francia revivió esta costumbre abriendo sus puertas al mercadeo de los caldos de Beaujolais, comarca situada al sur de Borgoña y reconocida productora de vinos aromáticos, arrullados con sabor de frutillas y deliciosamente fáciles de ingerir.

Así surgió el **Beaujolais Nouveau**, el cual aparece en el mercado mundial el tercer jueves de Noviembre de cada año, su mejor momento. Debe de beberse fresco (46 – 54 grados Fahrenheit) y puede conservarse en buena condición hasta finales de Enero. Aunque no tiene fecha de caducación algunos de ellos pueden sorprendernos bastante después. Llamémoslo un vino ansiosamente esperado, portador de alegría y romanticismo, recordatorio del estilo primitivo, y, después de todo, una buena bebida para disfrutar y olvidarse de los ritos sacramentales de consumición de vinos añejados o venerados por los críticos. En este año se proyecta una producción aproximada de 65 millones de botellas para consumición mundial. El 55% está destinado a la exportación, siendo Alemania el primer importador, seguida por (en orden de consumición) Holanda, Estados Unidos, Suiza, Gran Bretaña, Benelux, Japón, Italia, Dinamarca y Canadá. El restante 45% lo encontrará en todas las áreas comerciales de Francia.

En Estados Unidos la llegada del Beaujolais Nouveau es un acontecimiento para el amante del vino en general y todos aquellos envueltos en la Industria. Hoteles, restaurantes, supermercados y licorerías.

Les recomendamos: **Georges Duboeuf,** consistentemente galardonado por su excelencia y frescor, **Barton** & Guestier, Bouchard Pere & Fils, Maison Nicolas, Louis Latour **y** Labouré-Roi.

Todos los Nouveau son de un costo muy razonable. Es el vino ideal para todo tipo de celebraciones, pues coordina con una infinidad de estilos de Menú por su ligereza y frescura.

$\mathcal{L}$OS VINOS DEL "ANILLO DE FUEGO"
PRODIGIO DEL ESTADO DE WASHINGTON

Hay que conocer a fondo la geografía física del noroeste de Estados Unidos para comprender por qué el Estado de Washington es el segundo productor de vinos en Norteamérica, después de California, tanto en volumen como en calidad. Siendo un eslabón del fenómeno geológico del "Anillo de Fuego del Pacífico", así denominado por su actividad volcánica y sísmica, actualmente casi inactiva, y dividido por la cordillera de las montañas Cascade, Washington nos presenta características de suelo y clima prácticamente opuestas.

El área al oeste de la cordillera, siguiendo la línea costera, está totalmente dominada por vigorosas corrientes de aire marino que se traducen en frecuentes e intensas lluvias, cielos muy nublados, temperaturas frías y alta humedad atmosférica. Todos estos factores imposibilitan el cultivo de la vid. Sin embargo al este de la sierra, el Valle de Columbia se considera como un vergel para el desarrollo de la uva y óptima producción de vino. Los ríos Columbia, Snake y Yakima regando un rico subsuelo formado por crestas y pliegues volcánicos y basálticos, su clima de baja humedad, intensa luz solar y amable temperatura, unido a una larga tradición europea vitivinícola datando de 1871, proporcionan los elementos idóneos para presentar al mundo una extraordinaria variedad de vinos de la más alta calidad, desde Rieslings a Syrahs. En una "cata a ciegas" ("blind tasteting") para profesionales llevada a cabo en Miami hace un par de meses, tres vinos del Estado de Washington calificaron con marcas superiores a Château Mouton Rothschild y Caymus. De los 300 viñedos de cultivo que existen en la actualidad hemos seleccionado.

CHÂTEAU STE. MICHELLE:

En 1871 misioneros y comerciantes en pieles provenientes de Francia, trajeron consigo en sus viajes al Estado de Washington raíces frescas y semillas de la variedad de vid "garnacha" ("grenache"), enseñando a los Nativos Americanos como construir y diversificar canales de irrigación en el Valle del rio Yakima. En 1912 Frederick Stimson, industrial reconocido hasta la fecha como "El Rey de la Madera", fundó un conglomerado comercial para la elaboración de vinos de mesa al noreste de Seattle, construyendo un Palacete rodeado de exóticos jardines, incluido actualmente en el Registro Nacional de Lugares Históricos. Su nombre: Château Ste. Michelle (Woodinville, Wa.)2001. El sueño de Mr. Stimson se ha superado increíblemente. Château Ste. Michelle produce actualmente una diversidad de vinos de gran consistencia en sus cosechas debido al clima de pocos cambios, a la riqueza de su suelo, la ausencia de plagas y su sabia tecnología.

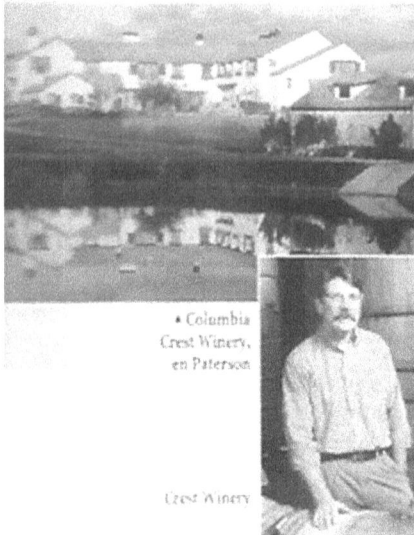

Producción: Gewurztraminer – Johannisberg Riesling – Pinot Gris – Sauvignon Blanc-Semillon – Chardonnay (excepcional) – Merlot – Cabernet Sauvignon – Riesling – Syrah-Ice Wine Reserve - Artist Series Meritage (etiqueta pintada a mano).

COLUMBIA CREST:

Nacida en 1978 y siendo una de las más recientes vitivinicultoras del Estado de Washington, Columbia Crest ha conquistado el mercado basándose en tecnología y en el conocimiento del arte de hacer vino al estilo europeo. En 1979, a un costo de $26 millones de dólares, se construye en Paterson, al extremo sudeste del Estado, cercano a la frontera con Oregón, un Château europeo para albergar el genio de Columbia Crest.

Quizá se le pueda llamar un "milagro obtenido", pero realmente todos sus logros han sido fruto de una gran visión industrial basada en producir y ofrecer los mejores vinos a un costo popular.

Producción: Johannisberg Rieslimg – Gewurztraminer – Sauvignon Blanc – Semillon –Semillon Chardonnay – Chardonnay - Merlot (1994 Medalla de Oro en Burdeos) – Syrah –Cabernet Sauvignon.

DOMAINE STE. MICHELLE:

Localizado en el corazón del Valle de Columbia, el viñedo está dedicado exclusivamente a la producción de vinos al Método Achampanado (Sparkling). Dentro del mundo complejo de articular delicadamente loscuatro aromas del champagne, Domaine Ste. Miohelle nos presenta:
- Cuvée Brut – Blanc de Blanc – Blanc de Noir – Extra Dry

Les recomiendo a todos los amantes del vino y el buen vivir, visitar el Estado de Washington, especialmente en los meses de verano.

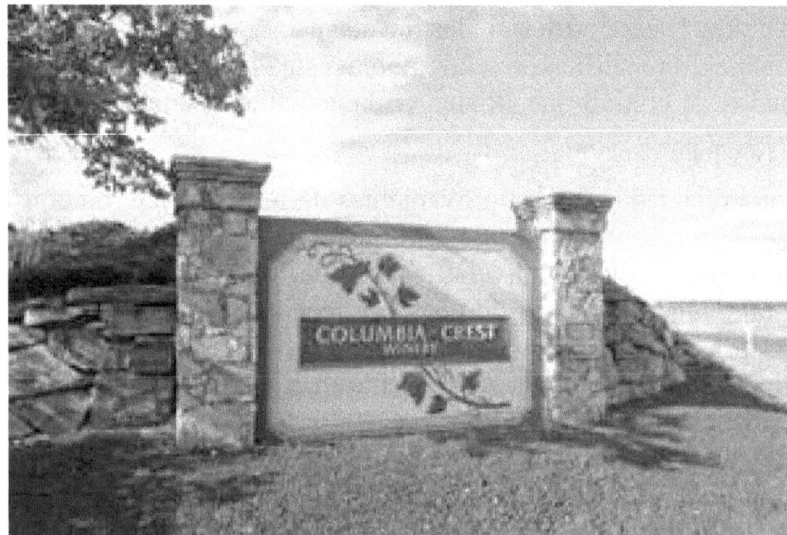

MANZANILLA. EL TRAVIESO DUENDE ANDALUZ

A unos kilómetros al noroeste de Jerez de la Frontera, donde el río Guadalquivir vierte sus aguas y su historia en el Océano Atlántico, vibra con duende y encanto el pueblo de Sanlúcar de Barrameda, cuna de la Manzanilla. Un vino travieso, pálido, seco y ligero elaborado para hacer surgir la alegría a su paso por los paladares que lo degustan.

La topografía de esta área situada entre la ribera y el mar, da lugar a un microclima de una suave humedad constante que permite el crecimiento y permanencia de hongos de levadura o "flor", protegiendo el vino de los efectos de la oxidación. Es el único caldo de la región de Jerez que ostenta esta propiedad, convirtiéndolo así en el de más alta calidad. Su matiz especial a mar le da un carácter único entre los vinos jerezanos, haciendo de la Manzanilla un "no va más" en el mundo entero.

Destapar una botella de Manzanilla es preludio a la amistad, festejo, buen humor y alegría contagiosa al por mayor. Encierra el espíritu de Andalucía. Se debe de tomar fresca y es ideal para acompañar las tapas y mariscos o integrarla en una buena sopa de ajo o en un gazpacho andaluz. Hoy en día la Manzanilla se consume prácticamente como vino de mesa, poniendo un acento de regocijo en la cena cotidiana.

Un gran ejemplo de abolengo viticultor lo marcan las Bodegas Hidalgo de Sanlúcar de Barrameda, fundadas en 1792 por Don José Pantaleón Hidalgo, apareciendo en el mercado el producto que hasta la fecha es el orgullo de la familia, la Manzanilla. En el siglo XIX, bajo la dirección de su hijo Don Eduardo Hidalgo, las bodegas se envuelven en la producción de todo tipo de vinos de Jerez: Fino, Amontillado, Palo Cortado, Oloroso, Raya y Pedro Ximénez, además de brandys Solera Gran Reserva. Sin embargo la hija predilecta de la familia fue siempre la Manzanilla, a la que se la bautizó "La Gitana".

A mediados del siglo la Casa Hidalgo había obtenido numerosos galardones en exposiciones y certámenes internacionales y exportaba a Estados Unidos la mayor parte de sus caldos, primeramente en barriles de roble americano del valle del Mississippi y posteriormente embotellados. Actualmente La Gitana es la Manzanilla más popular en el mercado español, siendo el vino preferido de la ciudad de Sevilla, corazón de Andalucía.

No puedo dejar de mencionar al escribir sobre tan recreativo vino, el viejo poema que reza:

"Beban otros las burbujas
de esa champaña extranjera.
Yo prefiero las agujas
del vino de la ribera".

"Me gusta la Manzanilla,
las mujeres con mantilla
y el rasgar de una guitarra
bajo el toldo de una parra
en una tarde de sol".

A divertirse!

ℒLUVIA DE ORO EN JEREZ

Un triunfo más del brandy español en la Industria de los Espíritus

La raíz etimológica de la palabra inglesa *brandy* o *brandy wine* procede originalmente del holandés *branden* (quemar) o *brandewijn* (vino quemado), refiriéndose claramente al proceso de destilación del jugo de la uva y la fruta en general. Existen solamente tres regiones productoras de brandy en el mundo bajo Denominación de Origen: ***Cognac*** – provincia francesa de *Charente* – ***Armagnac***, de *Gascogne*, también en Francia – y ***Jerez de La Frontera***, en *Andalucía*, al sudoeste de España. El fértil yesoso *terroir* andaluz, bañado por la confluencia del Mediterráneo y el Atlántico, crea una combinación única que conduce a la producción de algunos de los mejores brandys del mundo, en particular los Solera Gran Reserva. Los viticultores de Jerez, datando del año 1483, establecieron las regulaciones pertinentes para el control que autentificaba el proceso de fermentación y destilación de sus vinos y espíritus, las cuales fueron ratificadas internacionalmente en 1891, año en el que nació la Denominación de Origen jerezana. Elaboremos sobre el brandy ganador de dos medallas de Oro otorgadas recientemente por el **2008 San Francisco World Spirits Compétition** y el **Beverage Testing Institute's International Review of Spirits**, en Londres, el insigne **Gran Duque de Alba, Solera Gran Reserva.** Producido por las renombradas bodegas Williams & Humbert de Jerez, han sido certificadas como las más extensas del mundo, poseedoras de 1,200 hectáreas de viñedo.

Si analizamos el etiquetado de los más finos brandys jerezanos apreciaremos que muchos de ellos están bautizados con nombres de monarcas – Carlos I, Felipe II, Carlos III – miembros de la nobleza – Gran Duque de Alba, Cardenal Mendoza – y heroicos acontecimientos de gran valor histórico, tales como la batalla de Lepanto y la Guerra de Independencia. En esta forma las bodegas de más alcurnia equiparaban sus productos con la cima de la élite aristocrática que se reflejó en la historia de España por siglos. Fernando Alvarez de Toledo, Duque de Alba, aguerrido soldado y astuto Hombre de Estado, se destacó bajo el reinado de Carlos V como el genio militar y político que, con la conquista de Portugal y de los Países Bajos llevó al pináculo de su poder a la Dinastía de los Austrias. Esta estrategia de mercadeo enorgullece a un consumidor, heredero de un largo período de gloriosa tradición. Es por esto que la calidad del producto está a la altura de estas hazañas históricas.

El brandy **Gran Duque de Alba** se añeja cuidadosamente por 12 años en barricas de roble bajo el sistema Solera, español "de pura cepa", el cual se utiliza para la producción de los Vinos de Jerez de más estilo del mundo. Su color oro-caoba es un espectáculo de la naturaleza. Su aroma nos brinda notas de nueces tostadas, caramelo, fruta oscura y un suave toque de especias regalando el paladar con un suave final.

Degústenlo a temperatura ambiente en *snifter* después de una egregia cena. Ideal también con un postre creativo.

Las bodegas Williams & Humbert acaban de lanzar al mercado de Estados Unidos un nuevo producto, la **Crema de Alba,** ganador de una Medalla de Plata en las competiciones mencionadas. Un delicioso cremoso licor con aromas de vainilla y cacao para degustarlo así sea sobre hielo o simplemente frío en un vaso de cordial. Fascinante.

Viva Jerez y la Tierra Andaluza !

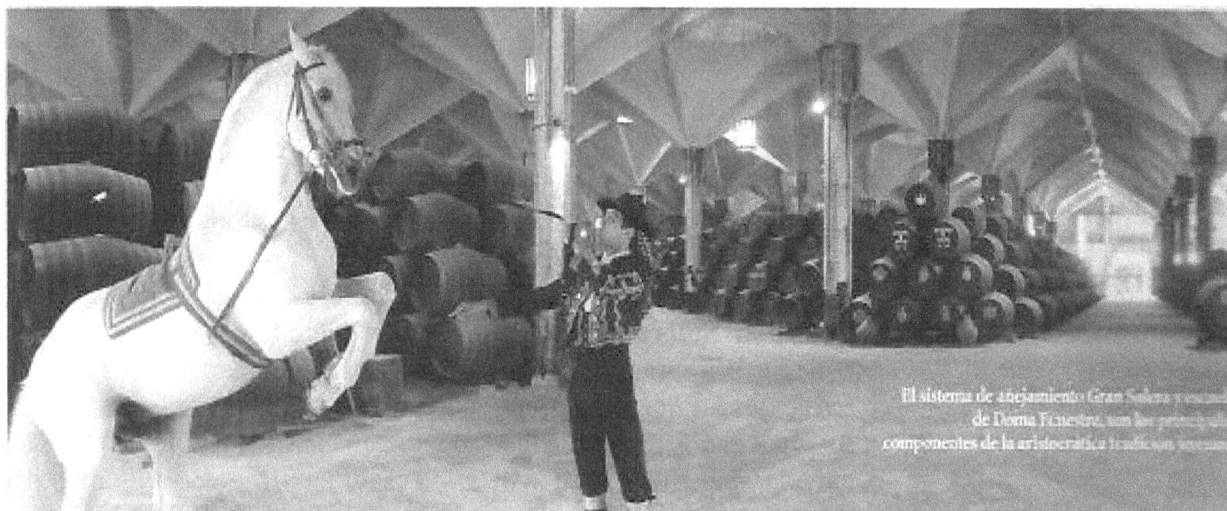

LA CIENCIA DE LOS ESPIRITUS

El arte de la Coctelería como su principal objeto.

En 1786, Martha Washington nunca concibió que su festiva receta de *Ponche de Ron* pasara a la Historia junto con su esposo George, propietario de la Gran Destilería de Mount Vernon y Presidente de los Estados Unidos de América. Su poción familiar iba a ser parte de un nuevo estudio sobre la compatible mixtura de destilados, licores azucarados, numerosas variedades de frutas, hierbas de olor y especias exóticas. La mixología. El día de hoy, 219 años después, más de 9,000 combinados espirituosos y cócteles están registrados en los archivos del *International Mixologists Guild*, con sede en Londres.

A excepción de contadas tentativas – ponches ligeros a base de ciertos vinos y cítricos, así como maceraciones de fruta con *agua de vida* o *ron de las Islas* – los fermentados y destilados se consumían puros hasta finales del siglo XVIII. Añadir ingredientes ajenos a un noble coñac, un insigne whisky o vinos de ilustre procedencia era calificado de adulterio. Los mediados 1800s marcaron el nacimiento de la **Era del Cocktail** en América, pero fue sin duda el siglo XX el que modeló la época dorada de la coctelería, y al sector femenino ofreciendo al consumidor en general en particular, suave y artísticas alternativas a la consumición del destilado neto.

La influencia del "cocktail" en el desarrollo de un Nuevo Estilo de vida social perdura hasta la fecha. El "cocktail" se debe servir frío. Asistimos a "cocktail parties".
Las damas lucen vestidos de "cocktail". Compartimos en el bar al calor de un "cocktail". Comenzamos la cena con un "cocktail" que hemos inventado para orgullo propio y de nuestros amigos. Luchamos contra la presión cotidiana saboreando un "cocktail". Necesitamos unas vacaciones gozando de un buen "cocktail" tropical. Ordenamos en el restaurante combinaciones gastronómicas tituladas "cocktail de…" y, definitivamente, "la vida es cóctel y amor", relato melódico de un popular tango de Gardel. 19 años de Prohibición (1919-1933) no hicieron mella en el desarrollo de la mixología.

Mary Sondergaard, celebrada millonaria y aventurera de la sociedad neoyorquina durante los 20s y los 30s, gran amante de las travesías transatlánticas se devanaba el cerebro pensando en cómo llenar el odioso vacío existente entre la hora del té y el período de la cena. Durante un viaje de New York a París, se confabuló con Fernand Petiot, un simpático y creativo americano, Jefe de Barmans del crucero *Ile de France*. Poniendo en acción sus virtudes de gran anfitriona, inventó para el recreo de los pasajeros el *Cocktail Hour*, que se puso de moda entre la sociedad europea y definió para siempre el pasatiempo favorito del atardecer de América. A finales de los 20s, Mary coincidió de nuevo con su conspirador barman Petiot en *Harry's New York Bar* de París. Al saber que Miss Sondergaard adolecía de una molesta "resaca", Fernand le aseguró que su última creación la ayudaría a salir del apuro. "Le pondré su nombre". Causó un buen efecto. Así nació el **Bloody Mary**. Es el talento y creatividad de los "Fernands" del mundo lo que hace de la mixología una ciencia vanguardista que contribuye al incremento de la riqueza sensual del individuo.

EL PONCHE DE MARTHA WASHINGTON (Sirve de 6 – 10)

INGREDIENTES

3 oz. Ron blanco	3 Limones en cuartos
3 oz. Ron oscuro	1 Naranja en cuartos
4 oz. Orange Couracao	½ Cucharita de nuez moscada.
4 oz. Sirope blanco	3 Ramas de canela partidas
4 oz. Jugo de limón	6 Clavos
4 oz. Jugo de naranja fresco	12 oz. de agua hirviendo

PROCEDIMIENTO: Mezclar los limones y naranjas con la canela, clavos y nuez moscada hasta una masa homogénea. Agregar el sirope blanco y jugos de limón y naranja junto con el agua hirviendo. Dejar enfriar a temperatura ambiente e integrar revolviendo los rones y el orange couracao. Colar en ponchera de cristal y añadir hielo. Decorar con rodajas de naranja y limón y canela en rama entera, espolvoreando nuez moscada molida.

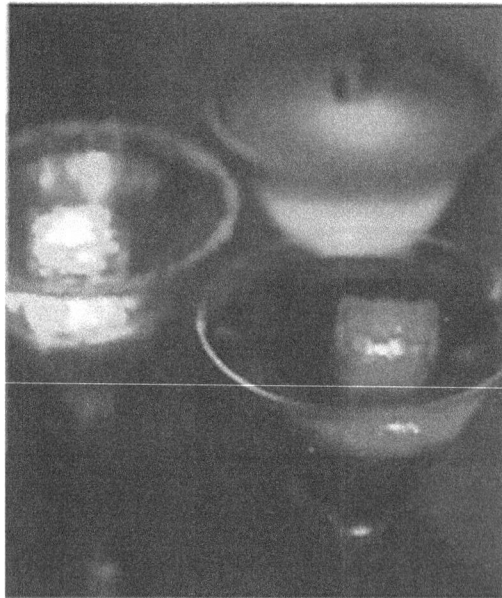

EL VINO QUE IMPONE MAS RESPETO Y PROVOCA UNA ALEGRIA SIN PAR

"El Champagne posee un espíritu único que hace brillar tus ojos sin darte rubor a las mejillas".
Madame Pompadour.

La vida nos depara coyunturas y nos brinda multitud de oportunidades que los amantes de la aventura y la *dolce vita* debemos aprovechar al máximo. La proximidad de un Nuevo Año nos abre las puertas a un sinfín de celebraciones llenas de esperanza para que este 2007 nos colme de felicidad ilimitada.

Desde luego, el Champagne es el primer complemento, un vino que nació por accidente en la Abadía de Haut-Villers sorprendiendo al venerado monje **Dom Pérignon**, maestro bodeguero, que inició el arte milagroso de mezclar los mejores vinos de diferente procedencias. Lo denominó *Cuvée*, surgiendo más adelante las mezclas *Grand Cuvée* y *Tete de Cuvée*, este último categorizado como el champagne de máxima alcurnia. Se debe prestar atención a la leyenda de su etiquetado para poder descifrar su estilo. Hay tres modalidades de elaboración:

BLANC DE BLANCS – sólo de uva blanca
CREMANT – de ligera efervescencia
ROSE – macerado en piel de uva tinta o mezclado con vino rojo.

Son también tres, según las regulaciones de la región de Champagne, las uvas empleadas en la elaboración de su vino.

Chardonnay, Pinot Noir y Pinot Meunier. Las proporciones varían siguiendo la creatividad de los maestros bodegueros e incluyen ligeras porciones de otros tipos de vino para lograr los diferentes bouquets atractivos para el Mercado:

BRUT, totalmente seco
EXTRA DRY, seco
DEMI-SEC, dulce
DOUX, muy dulce

La técnica de embotellado consta de cinco nomenclaturas de acuerdo a su capacidad:

MAGNUM - 2 botellas,
JEROBOAM -4 botellas
REHOBOAM -6 botellas
MATUSALEN - 8 botellas
NABUCODONOSOR – 20 botellas.

Los nobles champagnes de Francia, en la actualidad, se orgullecen de su tradicionalismo en muchos casos, pero una corriente vanguardista está conquistando el Mercado debido a sus modernas técnicas de presentación de producto. Como vivo ejemplo la Casa Veuve Clicquot, es la empresa más avanzada en su visión de nuestro nuevo estilo de vida.

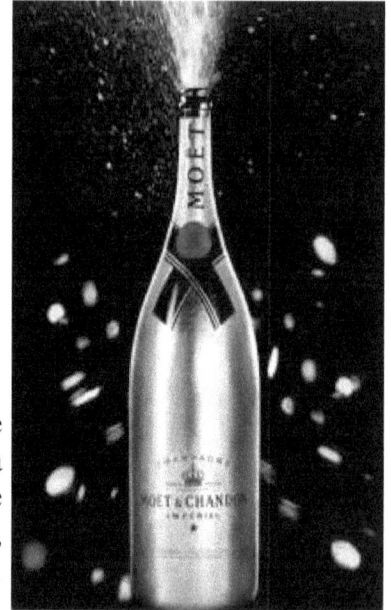

La aguerrida Madame Clicquot, viuda a los 19 años, mostró su valentía a principios de los 1800s, atravesando el frente de batalla de una Europa sumida en una guerra devastadora, desde Reims hasta Moscú, No cesó en su empresa hasta que el Zar Nicolás la recibió en los peldaños del Palacio. "Le traigo la alegría de la vida". Desde ese momento el champagne Veuve Clicquot fue declarado el elixir oficial de la Corte de Rusia.

Viva y Beba el
Champagne!

LA GRAN INFLUENCIA DE LA MUJER EN NUESTRA INDUSTRIA

Galería de las damas más sobresalientes en la actualidad

El *taboo* existente hasta principios del siglo XX, refiriéndome a la participación de la Mujer en el mundo de la política y los negocios, se derrumbó con estrépito cuando en Agosto de 1920 los Estados Unidos de América modificó la 19a. enmienda de la Constitución declarando: *"El derecho de los ciudadanos de Estados Unidos a votar no puede ser negado ni limitado por el Gobierno Federal o de los Estados debido al sexo".* Este fue el primer paso a la integración, ejemplo para la mayoría de los países regidos por la democracia.

En el mundo occidental muchas de las labores del reino agrícola estuvieron tradicionalmente confiadas a la mano femenina, debido a que los núcleos familiares estaban afincados en la misma tierra que exigía numerosas labores de campo, especialmente en el ámbito vitivinícola. Plantío, abono de viñedos, vendimia, pisado de uva y filtrado del mosto eran tareas de la rama femenina de la familia, hasta que los procesos de mecanización cambiaron la rutina de la producción del vino. Una vez cumplidas estas faenas, el hombre se encargaba del intrincado proceso de llevar a cabo la supervisión de la fermentación, mezclas, añejamiento, embotellado y etiquetado, dirección administrativa, mercadeo y venta. Ya no existen estas barreras y limitaciones. La Mujer hoy puede desempeñar, en muchos casos con inigualable eficiencia, las tareas que fueron atribuidas exclusivamente al sexo masculino por siglos.

El 57% del vino vendido en Estados Unidos es adquirido por mujeres, convirtiéndolas así en la mayoría tomando la decisión sobre qué vinos se mueven en el Mercado, dictando la nueva trayectoria del siglo XXI. Desde alcanzar excelencia en Maestría de Bodega de vinos o Destilería de espíritus, hasta desempeñar merecidas posiciones de Presidentas y C.E.O.s de compañías millonarias, la Mujer está al frente de la lucha por la conquista del Mercado vinícola internacional. Y es, sin duda alguna, extraordinaria en Dirección de Mercadeo, Comunicaciones y Relaciones Públicas.

La presencia de mujeres insignes en nuestra Industria es nutrida. Presento a nuestros lectores en una breve galería una muestra de imágenes de las portadoras de ese raro genio que categoriza a las personas como "fuera de serie". Sumemos también las siguientes *Menciones Honoríficas*:

Margareth Henríquez- Presidenta Krug Champagne
Marimar Torres, propietaria de "MARIMAR" WINERY (Sonoma), pionera en el uso del método orgánico. **Eva Bertrán**, Vicepresidenta Ejecutiva, FREIXENET / SEGURA VIUDAS / GLORIA FERRER **Robin Pollard,** Directora Ejecutiva, WASHINGTON WINE COMMISSION
Amelia Durand – Directora de Comunicaciones, MOET HENNESSY USA
Whitley Bouma y **Camille Broderick**, International Ambassadors, MOET HENNESSY USA
Kate Jones, eno-publicista y autora de gran influencia en la Industria **Silvia Santiago**, Maestra Destiladora de Rones de Puerto Rico. …

"And many many more".

Eva Beltrán

Marimar Torres,

Margareth Henríquez

L ARISTOCRATICO EMBAJADOR DE LA RIBERA DEL DUERO

Las Bodegas Vega Sicilia ofrecen un contundente ejemplo de tesón ante la adversidad en la industria vinícola mundial. Desde 1859 en que Don Eloy Lecanda recibió de su padre, Don Toribio, una finca de dos mil hectáreas en las mesetas castellanas bordeando el rio Duero, hasta 1880, la inmensa propiedad destelló con un imperio agrícola sin par en España. Aparte de ser cuna de fina ganadería, plantíos frutales, productora de yesos y folklóricas cerámicas, Don Eloy importó de Burdeos miles de cepas de Cabernet Sauvignon, Merlot, Carmènere, Malbec y Pinot Noir. Su noble y visionaria intención, destinar 150 hectáreas de una meseta de más de 700 metros de altitud a las orillas del rio con el perfecto microclima para la producción de vino.

Así nació la mitología vinícola española: Vega Sicilia y Carrascal. Sin embargo, lo más distintivo de este proyecto fue un bíblico azote de penuria por la que atravesó Don Eloy, como previamente le había sucedido a su padre, al no poder hacer frente a sus obligaciones financieras.

Quince años después de interminables azares, plaga de filoxera en la Rioja e intrigas corporativas, las Bodegas Lecanda se rebautizan Hijos de Antonio Herrero, bodeguero riojano.

Don Eloy Lecanda,
Fundador de una leyenda
vitivinícola (1864)

El temperamento mundano y la personalidad arrolladora de estos hermanos, cosmopolitas y bien relacionados, fue decisivo para producir un vino diferente, más por mantener la imagen de la familia que por razones de negocios.

Entre 1915 y 1917, bajo la familia Herrero, se lanza al mercado un vino tinto de sofisticada técnica de maduración y de elegante estilo Barroco denominado Vega Sicilia Único, sin añada (70% Tempranillo, 20% Cabernet Sauvignon, 10% Merlot, Malbec y Albillo), solamente producido en cosechas perfectas. Versátil, de un color cereza oscuro, con aromas profundos y con el carácter único de la fruta acariciada por el sol sureño. Fruto de una combinación de bouquets de frutas secas, higos, ciruelas, frutas del bosque, tabaco, café y especies. Una obra de arte.

La mayoría de la selecta producción fue regalada entre la aristocracia europea sin beneficio económico alguno. Obviamente, para cubrir los agujeros financieros, el Vega Sicilia Único era el vino más caro de España. Simplemente era un vino que no podía comprarse con dinero sino con amistad.

Mientras tanto, la región de la Ribera del Duero, en manos de cooperativas y mercaderes de vinos producía en cantidades cuantiosas vinos tintos simples y honestos para mesa y copeo, abasteciendo a Madrid, solamente a 200 millas de distancia, supliendo también el consumo local. Vega Sicilia era un mundo aparte.

La compañía pasó de mano en mano hasta que en 1982 la adquirió la familia Álvarez, encabezando el negocio del gran Vega Sicilia. "Hay vinos creados por sus dueños y dueños elevados a la gloria por ciertos vinos. Yo no represento ni a una ni a otra alternativa", afirma Pablo Álvarez máximo responsable de las bodegas en la actualidad. Sin dejarse arrastrar por la pasión hacia el vino ni por su nombre, aplica el rigor y escrupulosidad en todo el microcosmos vega siciliano como si fuera un precepto sagrado.

Esta historia que puede compararse a un relato del Wall Street del pasado, se ha cristalizado en la presencia física actual de los cuatro vinos producidos por la Bodega:

Vega Sicilia "Único" Reserva Especial, Vega Sicilia Cosecha, Valbuena Quinto Año (nombrado así por Don Eloy en honor de su gran amigo el Marqués de Valbuena) y Alión, un caldo más popular.

En el día de hoy el Vega Sicilia "Único" Reserva Especial (vendido solamente por asignación) es el vino tinto favorito de la Realeza y la Aristocracia europea y acompaña las mesas del Alto Mundo Corporativo.

NOBLEZA OBLIGA

Extraordinarios vinos beneficiando a nuestros más fieles amigos.

En Septiembre del 2006, un equipo de veteranos de la industria del vino y el arte gráfico encabezado por Mary Snellgrove y Bill Foss, iniciaron la empresa **Cru Vin Dogs**, basada en Denver (Colorado), fruto de una combinación única de la gran experiencia vitivinícola de sus miembros, un fuerte vínculo de sincera amistad entre ellos mismos y un inquebrantable amor por los perros.

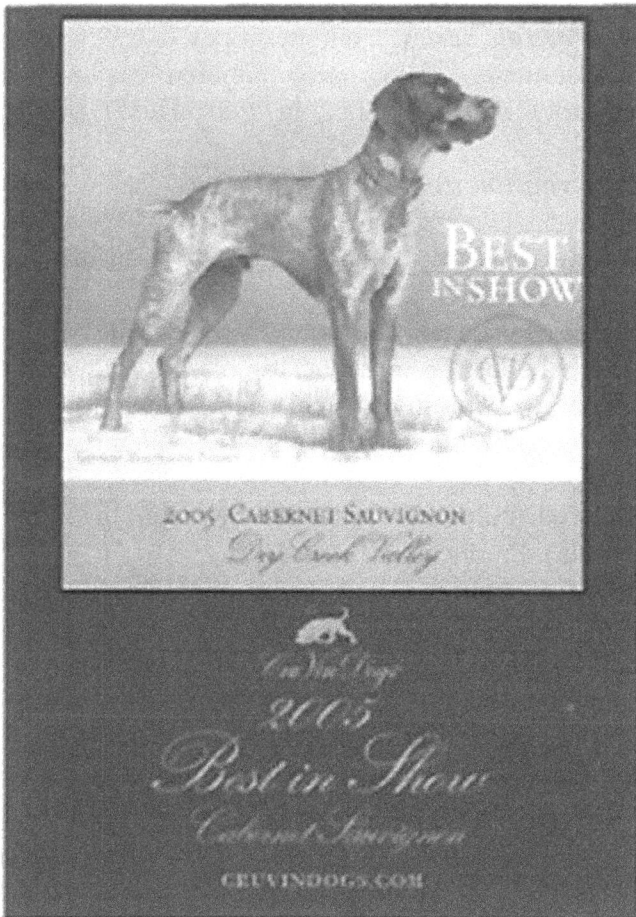

Viajando extensamente y visitando insignes viñedos alrededor del mundo, llegaron a desarrollar un gran "olfato" para detectar limitados lotes de vinos y variedades de uvas que les permitieran producir caldos de calidad excepcional, etiquetados con expresiones del más fino arte gráfico representando la aristocracia de la raza canina.

Parte de gran importancia de su misión fue el compromiso acordado de donar un mínimo del diez por ciento de sus ventas a diversas causas caritativas en favor de nuestros leales amigos caninos.

Se ofrecen tres categorías vinícolas diferentes:

Puppy Series. Vinos de la más alta calidad representando en sus etiquetas magistrales dibujos individuales de diferentes razas de perros que pertenecen a los asociados o han sido adquiridos en sus viajes. **"Labrador" Sauvignon Blanc**. Marlborough (New Zealand). Producción, 995 cajas.
2005 "Bloodhound" Chardonnay. Dry Creek Valley (California). Producción 562 cajas.
2006 "Golden Retriever" Chardonnay. Dry Creek Valley (California). Producción, 1,455 cajas. *Portrait Series.* Compuesta por excepcionales varietales tintos para consumirse jóvenes pero también capaces de añejarse por un largo período. Cada vino honra a un "Perro Héroe" con su propia historia real.
2005 "Yogi" Cabernet-Syrah. North Coast (California). Producción 1,073 cajas.
2006 "Lucky" Cabernet-Merlot. North Coast (California). Producción 1,985 cajas.
*B*est in Show. Esta línea incluye cantidades muy limitadas de vinos "fuera de serie" de los viñedos de más prestigio. Sus etiquetas representan a campeones del Westminster Kennel Club Dog Show y el sin par Crufts Dog Show, ambas competencias internacionales del pedigrée más aristocrático.
2005 "German Shorthaired Pointer" Cabernet Sauvignon. West Dry Creek Valley (California). Producción 97 cajas.
2007 "Airedale" Pinot Noir. Russian River (California). Producción 100 cajas.
Las organizaciones beneficiadas en la actualidad por la labor caritativa de *Cru Vin Dogs* se esmeran en administrar terapia apropiada a perros deshabilitados – **CANINE COMPANIONS FOR INDEPENDENCE** financiar proyectos investigativos para proteger, tratar y encontrar curas a mascotas en más de 100 países del mundo – **MORRIS ANIMAL FOUNDATION** – fomentando el entrenamiento de perros policía (K-9) en 40 estados de nuestro país – **THE ALIE FOUNDATION**.

Los vinos se adquieren exclusivamente vía Internet. Mary Snellgrove, Presidenta, atenderá sus peticiones contactando **www.CruVinDogs@msn.com**

Estamos conscientes de que "el perro es el mejor amigo del hombre", demostremos pues que "el hombre es el mejor amigo del perro"

Vodka en el idioma ruso o Wodka en polaco es un diminutivo cariñoso de la palabra "agua" que podría traducirse como "aguita". Su historia se remonta a la antigüedad. Hasta la fecha existe una agitada pugna sobre el descubrimiento del destilado alcohólico considerado como la bebida nacional rusa. Polonia, sin embargo clama ser el pionero en su producción remontándose al siglo VIII. Por otro lado existen crónicas de finales del siglo IX atribuyendo a Rusia la primacía en esta eterna discusión. La realidad es que la primera destilería fue fundada en la comarca de Khylnovsk en Rusia, según relata la Crónica de Vyatka en 1174.

Durante la Edad Media el vodka se utilizaba en su mayoría para propósitos medicinales, así como un ingrediente activo en la producción de la pólvora. No fue hasta el siglo XIV en que el vodka fue formalmente considerado una bebida y las primeras destilerías comenzaron a producir el "espíritu" utilizando los frutos agrícolas más abundantes en las regiones en que se establecieron. Trigo, centeno, maíz, patatas, remolacha azucarera o la combinación de varios de estos productos eran, y lo son hasta la fecha, la base de la destilación. Sucesivamente la masa se filtraba a través de capas de carbón vegetal y se le añadía agua pura dotada por la Naturaleza o simplemente destilada. Hay que considerar el agua como el más importante ingrediente del vodka. A medida que se incrementaba la producción comenzaron las exportaciones de Rusia y Polonia, penetrando en los países vecinos y en las Cortes de los Reinos occidentales. A mediados del siglo XIV, Sir Douglas Hume, embajador de Inglaterra en Moscú describió el vodka como la bebida nacional rusa y en el siglo XVI Polonia, Finlandia y los actuales países bálticos se lo adjudicaron también como su espíritu característico por excelencia. El resultado de esta contienda fue el exótico prestigio de un perfecto licor, sin un sabor específico, de alta concentración espirituosa y suavidad inusitada.

A comienzos del siglo XIX, debido a las Guerras Napoleónicas, la demanda de vodka creció enormemente como dotación de la soldadera.

Fue a fines de los mil novecientos, con la adopción de técnicas standard de producción y garantía de calidad, en que el nombre "vodka" fue formal y oficialmente reconocido. Despúes de la Revolución Rusa en 1918, el gobierno bolchevique confiscó todas las destilerías privadas causando una ola migratoria de productores de vodka que se establecieron en diversos países europeos. En 1934, en París, se instaló la primera destilería de vodka del mundo occidental, Smirnoff, la cual fue adquirida por una empresa norteamericana en 1946. A partir de entonces el vodka comenzó a conquistar el mercado occidental con un éxito sin precedentes.\Actualmente una de cada cuatro botellas de licor que se consumen en Estados Unidos es vodka. Su compatibilidad de combinación y mezcla es asombrosa debido a la carencia de un sabor específico sin producir hedor bucal. Desde el comienzo de los noventas el sinnúmero de innovaciones en técnicas de destilación, sabores y aromas exóticos, diseño de botella y reñida competencia en métodos de mercadotecnia han hecho del vodka el destilado de más consumición en el mundo entero, producido en los cinço continentes. El estilo ideal de degustar el vodka es solo, a temperatura de congelación en vaso de fino cristal de una onza y media. El Vodka Martini es el número uno en popularidad en la interminable lista de la coctelería mundial, desbancando la ginebra como el ingrediente primordial. Nos complace recomendar los vodkas más destacados en nuestro Mercado:

ABSOLUT: Suecia.
ICEBERG: Canadá.
GREY GOOSE: Francia.
KETEL ONE: Holanda.
VINCENT Van Gogh: Holanda.
BELVEDERE: Polonia.
CHOPIN: Polonia.
CIROC: Francia, destilado de uva.
RAIN: U.S.A. destilado de grano orgánico.
SMIRNOFF: U.S.A. ideal para mezclar.
STOLICHNAYA: Rusia. Tradicional.
FINLANDIA: Escandinavia.
VOX: Holanda.
PEARL: Canadá.
TANQUERAY STERLING: England.
ULTIMAT: Polonia

El VINO NUEVO DE ESPAÑA

Glorias heredadas del pasado, ardua tarea en el presente y estrategia global para el futuro unifican la Industria Vinícola española.

Por más de dos siglos, hasta el día de hoy, España es el país poseedor de más espacio territorial de viñedo en el mundo. El cultivo de la vid se extiende por doquier salvo en contadas áreas a las que Ceres, la mitológica diosa de la Agricultura, no les prestó la atención debida. Existen en la actualidad 63 Denominaciones de Origen (D.O.) y dos Certificadas (D.O.C. – Rioja y Priorat), lo que nos muestra la riqueza de suelo, una cultura vitivinícola elevada y la aguda creatividad agrícola de los productores.

La epicúrea afición del español al Vino y sus incursiones aventureras a lo largo y ancho del Globo portando la vid consigo, representó también una gran ayuda para situar el país a la cima de la Industria.

Después de varias décadas de aislamiento político y económico, actualmente España es el tercer productor de Vino del mundo y en el mercado de Estados Unidos aparece también con el número tres en la escala de importación.

Wines from Spain, organización dependiente de la Comisión de Comercio del Gobierno Español con sede en New York, efectuó una interesante presentación que confirmó el monumental avance del *Vino Nuevo* de España, atestiguado por cinco personalidades de la industria: Carlos Falcó, Marqués de Griñón; Alejandro Fernández, *Pesquera*; Mariano García, *Mauro*; Sara Pérez, *Mas Martinet* y Telmo Rodríguez, catedrático en el estudio de la uva española, *Dehesa de La Granja*. Un inspirado y altamente informativo evento.

Alegría – *The New Spanish Wine Group*. Una nueva generación de viticultores envueltos en un esfuerzo conjunto para producir y universalizar vibrantes vinos procedentes de zonas vinícolas revividas e impulsadas a la excelencia con entusiasmo. El grupo fue formado por vinicultores de tradición con la meta de lograr penetrar en mercados internacionales, sobre todo en el estadounidense. La combinación de sus recursos y conocimientos enológicos trajo consigo un éxito rotundo en pocos años.

Los amantes del vino están familiarizados con los tradicionales y portentosos vinos de ***La Rioja y La Ribera del Duero***, los excelentes blancos de las *Rías Baixas* y los festivos *Cavas*

97

achampañados de la región del *Penedés*. Sin embargo, aconsejamos fervientemente enfocar la atención en las siguientes Denominaciones de Origen que constituyen el alma del joven y vigoroso Vino Nuevo Español:

ALICANTE – ALMANSA – BIERZO – EMPORDA / COSTA BRAVA – JUMILLA – LA MANCHA - MONTSANT – NAVARRA – RUEDA – TIERRA DE CASTILLA – TORO – YECLA.

Estas Denominaciones producen *"Vinos de Boutique"* de gran calidad y alto valor intrínseco, debido a su razonable costo.

Gócenlos!

TORO: *Gran*

YECLA: *Valle de*

EL CINCUENTENARIO DEL TORO

La Casa Osborne dedicada a combatir el hambre y la pobreza infantil en el mundo

Para todos los que conocemos España, así sea como nativos, residentes o partícipes en viajes turísticos, el Toro de Osborne, concebido en 1956 por el insigne publicista y diseñador comercial Manolo Prieto, causa una marca indeleble en nuestra mente.

Digno, orgulloso y poderoso, representa la encarnación de los valores del pueblo español. Actualmente es una manada de 90 los que observan majestuosamente inmóviles a aquellos que transitan las carreteras de la Península. Cada"*bull-board*" tiene un peso de unas 9,000 libras, se yergue a 46 pies del suelo, empleándose más de 20 Galones de pintura negra para vestir su estructura.

Entre 1988 y 1996 se promulgaron leyes prohibiendo la exhibición de anuncios comerciales circundando las carreteras españolas. Asociaciones culturales, políticos, artistas, periodistas y líderes provenientes de toda esfera social reclamaron al unísono el "indulto" del Toro de Osborne.

En 1997, no sólo se concedió esta petición, sino que fue declarado oficialmente parte del Patrimonio Nacional.

La compañía de tradición única en la elaboración de vinos y brandys de Jerez fue fundada en 1772 por Thomas Osborne Mann, financiero británico establecido en el Puerto de Santamaría con la decisiva intención de marcar el comienzo de una dinastía dedicada a la producción y mercadeo de los elixires vinícolas más finos en existencia.

Seis generaciones después sus aspiraciones iniciales han cristalizado en su logro. Tomás, Conde de Osborne, actualmente cabeza de la compañía, brillante hombre de empresa, reconocido como un generoso "hidalgo" por su contribución a multitud de obras benéficas, decidió que el aniversario de su torito debería de celebrarse con una cornada al hambre …"*A las cinco de la tarde. A las cinco en punto de la tarde… Un niño trajo la blanca sábana… a las cinco de la tarde"*, como diría Lorca.

Consciente de la interminable necesidad existente de la lucha contra la pobreza, malnutrición y falta total de recursos de la infancia desfavorecida, Tomás ideó reclutar una legión de insignes representantes del Arte y la Cultura internacional con el fin de plasmar en la silueta de su toro un mensaje pictórico para la posteridad. La respuesta fue inmediata. Sus "picassos", Antonio Banderas, Dr. Phil, Robin McGraw, Ferran Adriá, Jacques Pepin, Agatha Ruiz de la Prada, Romero Britto y Armand Basi formaron parte de un grupo de 40 celebridades estampando sus firmas en el "lienzo bravío".

SHARE OUR STRENGTH, la organización caritativa a la cabeza del *Fight to End Childhood Hunger* fue la beneficiaria de una subasta conducida por la Casa Osborne que paseó la manada por New York, Dallas, Chicago, Washington D.C., San Francisco, Los Ángeles y, finalmente, Miami.

Resultó una contribución fabulosa.

ℰL PROGRESO DE LA INDUSTRIA VINICOLA DEL CHILE MODERNO

Un recorrido de sus fértiles valles y Bodegas más ilustres.

L a climatología de Chile, en especial la de los valles centrales, es envidiable. Protegidos por la cordillera andina, la sanidad, fertilidad e incluso la defensa de la filoxera están garantizadas por la Madre Naturaleza. Durante la historia de la viticultura chilena se han cultivado un sinnúmero de *vitis vinífera*. La pionera País o Misión, popular para elaboración de vino de mesa, Cabernet Sauvignon, Merlot, Cabernet Franc, Malbec, Pinot Noir, Chardonnay, Sauvignon Blanc entre otras. Sin embargo el viticultor anduvo por años buscando una Vid virtuosa que aportara las características necesarias para identificarla como la uva nacional de Chile. Citemos la Malbec de Argentina, la Cabernet de Francia, la italiana Sangiovesse o el Tempranillo de España. Y surgió recientemente. Se resucitó una antigua variedad bordalesa que ofrecía óptimas condiciones para cultivo en el *terroir* chileno: La Carmènere, también conocida como Grande Vidure. Se presenta en el Mercado como 100% varietal y como integrante de sabias mezclas. Poseedoras de una gran influencia europea y avanzadas técnicas californianas, las Bodegas a las que nos vamos a referir representan la cúspide de la producción vinícola de Chile.

Viñedos Orgánicos Emiliana: La primera Bodega que puso en movimiento esta nueva técnica agrícola en Chile. La viña debe plantarse profundamente, obligándola a trabajar duramente para detectar y absorber sus nutrientes. Emiliana embotella sus vinos bajo un solo nombre, *Sincerity*. Presenta dos varietales *Chardonnay* y *Sauvignon Blanc* procedentes del Valle de Casablanca.
Mezclas maestros:
Sincerity 2001, 2002, 25% Cabernet Sauvignon – 75% Merlot, Valle de Rapel.
Sincerity 2003, 45% Cabernet Sauvignon – 55% Merlot, Colchagua / Valle de Rapel.
Casa Lapostolle: Surgió en 1994. En la actualidad la empresa es dueña de 320 hectáreas Produciendo un total de 150,000 cajas de vino. El más distinguido es el *Clos de Apalta*, 85% Carmènere – Merlot, 15% Cabernet Sauvignon, Colchagua / Valle de Rapel. Denominación Cuvée Alexandre:
Chardonnay 2004, 100% uva Chardonnay, Valle de Casablanca.
Cabernet Sauvignon 2003, 85% Cabernet Sauvignon – 15% Merlot, Valle de Colchagua.
Syrah 2003, 100% Syrah, Requinoa / Valle de Rapel.
Borobo, 35% Pinot Noir, 25% Merlot, 20% Syrah, 10% Cabernet Sauvignon, 10% Carmènere, viñedos de Apalta, Casablanca y Requinoa.

La nueva sensación en el Mercado. **Viña Montes:** Una compañía clásica e innovadora al mismo tiempo que acaba de lanzar con aclamación el *Purple Angel 2003*, 92% Carmènere y 8% Pétit Verdot, junto con el *Montes Folly 2003*, 100% Sirah y el *Montes Alpha "M" 2003*, 80% Cabernet Sauvignon, 10% Cabernet Franc 5% Merlot y 5% Pétit Verdot. Su variedad de vinos es superlativa, incluyendo viñedos en Argentina. Líneas principales: Montes Reserva – Montes Selección Limitada – Montes Alpha –Kaiken (Argentina).

Concha y Toro: En 1833 Don Melchor Concha y Toro y su esposa Emiliana Subercaseaux iniciaron con la importación de las vides más finas de Burdeos lo que hoy en día es el complejo vitivinícola más extenso y popular de Chile. La bodega principal se asienta en el Valle de Maipo, sus viñedos a la sombra de Los Andes.

Las categorías de los vinos *Concha y Toro* se definen en las siguientes variadas líneas:

Almaviva (en asociación con Mouton-Rothschild), *Amelia, Casillero del Diablo, Marqués de Casa Concha, Terrunyo, Trío, Sunrise, Frontera.*

Y como obra de arte, representando uno de los más Cabernet Sauvignons insignes del mundo, *Don Melchor,* el vino que rinde homenaje al Patriarca.

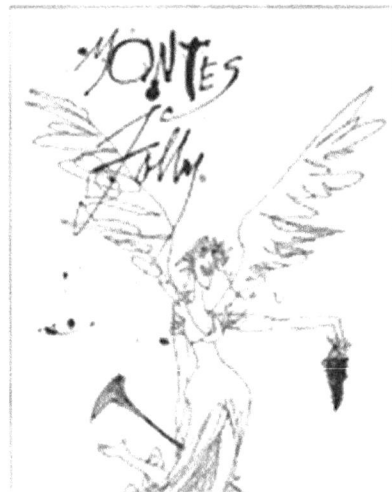

Viña Errázuriz: Quizá una de las empresas más progresistas en el mundo enológico chileno e internacional. Establecida en el Valle Aconcagua en 1870, su fundador, Don Maximiano Errázuriz inició el plantío de vides Cabernet Sauvignon, Merlot, Cabernet Franc y Syrah.
Entre la gran gama de vinos producidos por la Bodega sobresalen:
Seña (en asociación con Robert Mondavi Winery)
Don Maximiano Founder's Reserve
Viñedo Chadwick.

Veramonte: Un moderno conglomerado en el Valle de Casablanca escogido por su propietario, Agustín Huneeus, viticultor del Valle de Napa quien apreció la similitud entre ambos *terroirs.*
Su proximidad a Santiago permitió añadir a las bodegas un Centro de Visitantes que hoy en día recibe más de 30,000 personas al año. El estilo varietal predomina en la producción; *Sauvignon Blanc, Chardonnay, Merlot, Cabernet Sauvignon, Primus* (la mezcla sabia de Veramonte, Carmènere / Cabernet Sauvignon).

$\mathcal{N}$O ES *CALIFORNIA* TODO LO QUE RELUCE

El estado de Washington, como segundo poder vinícola de América.

Este es el momento oportuno para informar a nuestros lectores sobre la actividad vitivinícola que se desarrolla en Estados Unidos. El cultivo de la vid con propósitos de vinificación y mercadeo se extiende en la actualidad a los siguientes estados de la Unión: **Arkansas – Conneticut – Florida – Georgia – Kentucky - Michigan – New Jersey - New Mexico – New York – North Carolina – Ohio – Oregón – Tennessee – Texas – Virginia – West Virginia – Washington.** Estoy seguro que esto es noticia para muchos.

Nadie que conozca Seattle, capital del estado de Washington, y que haya visitado los exuberantes paisajes de sus alrededores, podría sospechar que, después de California, Washington es el más importante productor en Estados Unidos de vinos de la más alta calidad, basados en vides de estirpe europea. A pesar de la persistente lluvia costera, el *Gran Anillo de Fuego* que atraviesa su subsuelo proporciona la riqueza inigualable de la tierra volcánica, idónea para el cultivo de la vid. *The Washington Wine Commission*, patrocinada por el mismo Estado, es responsable por la promoción y desarrollo de la industria del vino, representando más de 400 bodegas existentes que contribuyen a su economía con tres billones de dólares anualmente.

Sus principales variedades de uva son:
Tintas:
Merlot
Cabernet Sauvignon Cabernet Franc Syrah Sangiovese.

Blancas:
Chardonnay
Riesling
Sauvignon
Blanc Semillon
Viognier.

Las primeras cepas fueron plantadas en 1825 fruto del trabajo de un conglomerado de inmigrantes alemanes, franceses e italianos, con sede en Fort Vancouver. Ya en 1860 el cultivo se extendió hasta el Valle de Walla Walla, fronterizo a Oregón, y a la región de Puget Sound, próxima a Seattle. En la primera década de los 1900s.

Los viñedos más notables del estado surgieron en el Valle de Yakima, hasta la fecha el *terroir* más fértil de Washington. La irrigación a gran escala tejió sus redes enlazando los valles haciendo florecer la Industria. La ardua labor del viticultor estaba dando sus frutos. Hasta aquel nefasto día en 1920 en que América sucumbió ante la promulgación de la "prohibición". Fueron diecinueve tristes años para muchos. Hubo que comenzar de nuevo. El vino doméstico hizo su aparición por supervivencia pero en 1938 ya habían surgido 42 bodegas en el Estado. Voluntad indomable.

Para los amantes del vino, degustar y aficionarse a los caldos de Washington es una obligación. Las bodegas que voy a citar a continuación les darán acceso a las muestras más eméritas de los frutos del ***Gran Anillo de Fuego:***
Château Ste. Michelle
Col Solare
Columbia Crest
Covey Run
Gordon Brothers
Hedges Family Estate
Hogue Cellars
J. Brookwalre
Nothstar Winery
Powers Winery
Red Diamond
Waterbrook
Winery Woodward
Canyon Zefina
Winery...

Estemos alerta para atrapar los vinos de los otros 16 estados restantes!

El VINO, EL ARTE Y LA MERCADOTECNIA
Una creativa combinación con resultados de gran éxito

Desde sus primeras menciones bíblicas hasta el presente, el Vino ha estado estrechamente ligado al Arte en muchos y diferentes aspectos. En la Antigüedad, sobre todo en los períodos históricos que abarcan los Imperios Egipcio, Griego y Romano los motivos alegóricos basados en el arte de hacer Vino se pueden apreciar en pinturas, murales, ánforas y jarras de fina cerámica decoradas con artístico esplendor, así como copas de arcilla, metal y madera bellamente adornadas, y cálices de oro puro con incrustaciones de piedras preciosas. Los mercaderes de vino estaban ya conscientes de la importancia de la apariencia artística como punto clave del éxito comercial. Las artes plásticas en especial fueron las pioneras en el campo "espirituoso". Dionisos y Baco, dioses del Vino en las mitologías griega y romana, fueron captados por los grandes pintores y escultores a través de la Historia del Arte clásico, renacentista y contemporáneo.

Al principio de los mil setecientos, al surgir la botella como el envase universal del vino y los destilados, se abrió la puerta al comercio internacional, debido a la facilidad de manejo, empaque y sellado hermético con la utilización del lacre y el hilo de bramante para los champagnes. El poderío comercial estaba en manos de Francia, que controlaba totalmente su propio mercado e Inglaterra que manejaba hábilmente la importación y la exportación en el resto del mundo. El capitalismo como sistema político- económico ayudó al Imperio Británico a crear una sólida base de mercadeo, lanzando a nivel mundial primera botella de Vino de Oporto en 1708, convirtiéndolo en el vino de copeo de moda. El diseño de la botella, así como su etiquetado, fueron y son actualmente las herramientas mercadotécnicas más usadas en despertar el interés del consumidor, quien, si no recuerda la marca específica del vino, recurre a la apariencia artística de la etiqueta o a la extravagancia de la forma física del envase.

En 1945, al final de la Segunda Guerra Mundial, el Barón Philippe de Rothschild introdujo un nuevo estilo de etiquetado para su Château Mouton. Picasso, Dalí, Miró, Jean Cocteau y muchos otros gloriosos artistas del periodo, convirtieron las botellas de vino, con sus ilustraciones vanguardistas, en objetos de colección, revolucionando las técnicas de mercadeo existentes. El consumidor compra hasta el día de hoy los vinos del Barón por su calidad y por su etiqueta. Este audaz paso multiplicó las Campañas de Publicidad para la industria vinícola, ya muy activas desde el periodo Art Deco. El arte y la creatividad son ya ingredientes indispensables para las empresas publicitarias, portavoces de la excelencia del Vino.

En la actualidad, la mayoría de los eventos que giran alrededor de la filosofía del Vino, incluyendo Concursos y Exposiciones Internacionales, Ferias y Festivales Vinícolas, Grandes Catas Mundiales y Certámenes de introducción al público de nuevos productos, vienen siempre precedidos de invitaciones y programas con expresiones artísticas de grandes maestros de la pintura y de las Artes Gráficas sobre motivos vinícolas. Estos mensajes de color, alegría y bullicio son en gran parte lo que nos motiva a integrarnos al mundo del Vino con la ansiedad de poder descubrir lo Nuevo y venerar lo Clásico.

106

LA CACHAÇA, "AGUA DE VIDA" DE BRASIL.

Su influencia en la Mixología Tropical internacional

La República de Brasil ocupa prácticamente la mitad del continente de Sudamérica siendo superada exclusivamente en extensión por China, Australia, Canadá, y Estados Unidos. Su importancia geopolítica es inmensa, ya que sus fronteras bordean todos los países de América Latina, con excepción de Chile y Ecuador. La selva del Amazonas cubre las dos terceras partes del país encerrando secretos geológicos y riquezas desconocidas hasta el día de hoy. Sin embargo Brasil es admirado sobre todo por sus playas, bikinis y bellas adoradoras del sol tropical, así como por su rítmico y vibrante Bossa Nova, su Carnaval y un suave, versátil y fresco elixir, primer destilado de la caña de azúcar: la CACHAÇA*.

Michele Savonarola, físico y alquimista de la Corte de Los Médicis, es acreditado por la integración de la bebida destilada de alto contenido alcohólico a la civilización occidental. La denominó en latín Aqua Vitae o "Agua de Vida" siguiendo el término ya existente. Sin embargo, dado sus resultados secundarios, el término evolucionó a Aqua Ardens, "Agua Ardiente", traducido literalmente al español y usado en la actualidad para calificar la mayoría de las bebidas destiladas. Terapéuticas, si son consumidas con moderación y espirituosas en animadas celebraciones sociales, las cuales dieron paso a concebir el Cocktail a principios del siglo XX con la intención de consumir bebidas menos abruptas y más placenteras. Ingeniosas mezclas de "Agua de Vida" con jugos de frutas frescas, hierbas silvestres, productos azucarados o amargos y creativas guarniciones florales irrumpieron en la vida social con la aparición del Martini, Manhatan y Old Fashion, entre los pioneros. Al principio de los 30s. la Coctelería Tropical, proveniente en su mayoría o inspirada en El Caribe, Las Antillas y las islas del Sur del Pacífico, inició su largo camino acaparando el mercado socio-espirituoso con una legión de cócteles encabezada por la Margarita, Rum Runner, Planters Punch y Madras, populares hasta la fecha. Uno de los más nutridos grupos de "Agua de Vida" surge por la destilación de la caña de azúcar, siendo Brasil uno de los mayores productores del mundo y contribuyendo a la Mixología Tropical con la

CACHAÇA*, el tercer licor más destilado del mundo y base de sofisticados cócteles, sobresaliendo entre todos la Caipirinha, la bebida nacional de Brasil que ha conquistado plenamente a los consumidores americanos, europeos y a todos aquellos portadores de naturaleza alegre y optimista.

Manos a la obra!

CAIPIRINHA: Servir en vaso corto.

SUN SALUTATION: Servir en vaso de Martini.

Machacar 1 lima cortada en cuartos. 2 onzas de CACHAÇA.*
Mezclar con 1 cuchara sopera de azúcar granulado.
Llenar con jugo natural de guayaba. Añadir 2 onzas de CACHAÇA* y hielo frappé.
Añadir club soda, revolver con hielo y filtrarlo.
Agitar agregando splash de club soda.

Guarnición de rebanada de lima y toque floral.

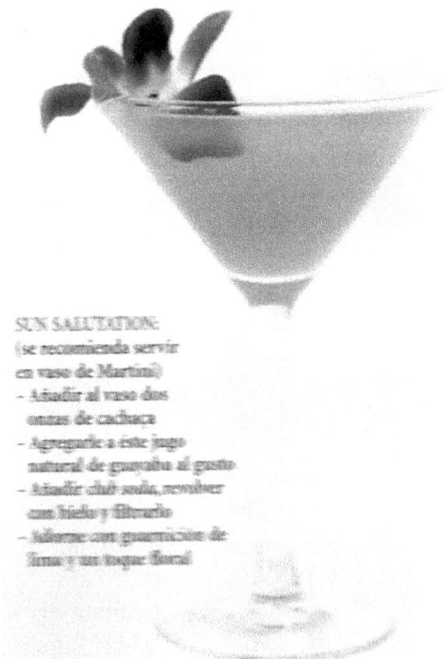

SUN SALUTATION:
(se recomienda servir en vaso de Martini)
- Añadir al vaso dos onzas de cachaça
- Agregarle a éste jugo natural de guayaba al gusto
- Añadir club soda, revolver con hielo y filtrarlo
- Adorne con guarnición de lima y un toque floral

BRASILIAN WAX: Servir en vaso alto.
Llenar el vaso con hielo en cubitos.
Mezclar partes iguales de CACHAÇA* y jugo de piña.
Añadir 2 onzas de puré de passion fruit y revolver.
Guarnición de rebanada de piña fresca.
Ideal para gozar de un largo paseo por Ipanema !

PORTUGAL Y SUS VIBRANTES E INDIVIDUALES VINOS

La Unión Europea dio la bienvenida a Portugal en 1986, abriendo la puerta a una de las naciones más antiguas del continente, constituida como un Reino independiente en 1143 y con fronteras específicamente delimitadas idénticas a las actuales en 1297. Siendo parte de la Península Ibérica su suelo fue poblado, ocupado e invadido desde épocas tempranas durante un período de 850 años, exponiéndose a una ecléctica influencia de distantes civilizaciones. Los colonizadores Celtas, los mercaderes Fenicios, el Imperio Romano, las hordas bárbaras de los Suevos y Visigodos, y la conquista Árabe tejieron un encaje de culturas, rica herencia del Portugal de hoy. Lisboa, la capital, Oporto, Coímbra y Belén, entre muchas otras ciudades, son prueba de ello.

Aunque existen records sobre los viñedos del Monasterio de Lorvao, datando del 950 A.C., la presencia del vino se hace patente alrededor del año 600 A.C. en que los Fenicios penetraron en el sur de la Península Ibérica trayendo consigo variedades de uvas tan bien enraizadas y cultivadas que han sobrevivido por 2,500 años. Cuatro siglos después los Romanos se extendieron hacia el norte ocupando el Valle del Rio Duero, actualmente la región del vino de Oporto, área en la que se han encontrado artefactos cilíndricos de piedra para la prensa de la uva y ánforas de barro para la fermentación y almacenamiento del vino. El cultivo de la vid y la elaboración de caldos espirituosos no han cesado desde entonces. Reconocido en todo el mundo como poseedor único del portentoso Oporto y el fino Madeira, Portugal ha multiplicado sus inversiones viníferas para competir en el mercado mundial. Los equipos más avanzados y las más sofisticadas técnicas de cultivo, producción y añejamiento se han incorporado a su industria vitivinícola, aportando una extraordinaria variedad de vinos de carácter único e individual.

Elaboremos:
VINHO VERDE. Provincia del Minho. Exclusivamente vinos blancos (uva Loureiro y Alvarinho). Firme y fresco, de carácter afrutado y bajo de alcohol (9%-10%).
DOURO. Valle del Duero. Vinos tintos (uva Touriga Nacional y Malvasia Fina). Diferentes caracteres dependiendo de la variedad de uva. Desde balanceado y elegante a poderoso, fuerte de color y alto de tanino.

DAO. Costa del Atlántico. Vinos tintos (uva Tinta Roriz y Pinheira). Apelación "Dao Nobre", de gran calidad. Añeja muy bien.

BUCELAS. Valle al norte de Lisboa. Vino tinto (uva Arinto). Seco, de ligera acidez. Favorito de George III, George IV, the Duke of Wellington and Thomas Jefferson.

ALENTEJO. Región Sudeste productora del 50% de corcho del mundo. Vinos blancos y tintos (uva Periquita, Aragonés y Ropeiro). Tintos complejos de buen cuerpo y elegante al añejarse).

Son dignos también de considerarse como *vinos nobles*:

BAIRRADA
COLARES
CARCAVELOS
TRAS-OS-MONTES
BEIRAS, ALGARVE
RIBATEJO
ESTREMADURA
VINOS ROSADOS Y ACHAMPANADOS.

No podemos dejar pasar las Fiestas sin saborear con postres, dulces y turrones el "*Rey de los Vinos, Vino de los Reyes*", el gran *Oporto*, así calificado por S.M. José I, Rey de Portugal.

EL VERGEL ANDINO

Las proezas de la industria vinícola chilena

Los numerosos fértiles valles circundados por las laderas de la cordillera de los Andes, un clima idóneo para el cultivo de la vid y un aislamiento geográfico protector que evita la penetración de la epidémica filoxera, han permitido que la historia vitivinícola de Chile, a pesar de ciertos altibajos, esté considerada como la más ilustre del continente americano.

El vasto Valle Central chileno, corazón vinícola del país, recibió en 1554 a los conquistadores españoles comisionados por Francisco de Aguirre, quienes plantaron y cultivaron las primeras vides con propósitos sacramentales. Cepas de las uvas Misión, posteriormente denominadas País, Moscatel, Torontel y Albillo fueron las pioneras en la producción de vino. El nacimiento de la Industria, de por sí, no surgió hasta los 1800s en que un contingente de ricos hacendados chilenos comenzó a importar las vides de Bordeaux, entre otras la uva Carmenére, poco popular en la Industria europea, que arraigó con gran éxito en los valles chilenos. Se edificaron maravillosas bodegas atrayendo a los más versados Maestros Bodegueros de Europa.

Chile se adjudicó en la década de los 1870 numerosos premios en exhibiciones y certámenes europeos y ya en 1877 el vino chileno se exportaba alrededor del mundo. Estas distinciones unidas a la barata mano de obra existente, dio lugar al período de oro de la Industria vitivinícola produciendo vinos de gran alcurnia a precios muy razonables. Desafortunadamente a principios de los 1900s, el gobierno chileno multiplicó los impuestos a las Bodegas, lo que aminoró considerablemente la producción por varias décadas. Batallas de ideologías políticas resultaron en grandes impedimentos para el desarrollo de la Industria en los 70s

111

y gran parte de los 80s, hasta que a partir de 1988 el mundo de nuevo le tendió los brazos al vino chileno, conquistando el mercado estadounidense, meta que la Industria tenía marcada desde muchos años atrás.

En la última década, los más insignes productores de vino de Francia y California han invertido substancialmente en Chile con la completa confianza de su poderoso potencial.

Las numerosas bodegas chilenas provienen de una infinita sucesión de terruños situados en tres principales regiones: el Aconcagua, al norte del país; el Valle Central que recibe la bendición de 300 días de sol anualmente, regado por una decena de ríos que descienden de Los Andes hasta el Océano Pacífico, prácticamente un paraíso; y la región sureña de un clima mediterráneo espectacular. La mayoría de la producción es la del vino proveniente de una sola variedad, aunque existen también mezclas de una sola variedad,

aunque existen también mezclas afrancesadas de gran clase y meritages de boutique. A continuación vamos a mencionar cierto número de Bodegas de la más alta alcurnia y sus vinos más espectaculares.

JOYAS DE CHILE: Bodegas Carmen; la más antigua Bodega del país (1850), Gold Reserve.

Concha y Toro; el mayor exportador, Don Melchor, Marqués de Casa Cocha y Almaviva, en colaboración con Mouton Rothschild. Miguel Torres; en sus propias palabras después de recorrer Chile de norte a sur, "El paraíso de la viticultura", Manso de Velasco (Viejas Viñas) Santa Helena; Selección del Directorio. Montes Alpha: la línea de más prestigio, atentos a la presentación en el mercado de Montes Folly. Casa L'Apostolle; de gran nobleza y uno de los preferidos en USA, Cuvée Alexandre. Barón Philippe de Rothschild (Mouton); de aristocrática honestidad, Escudo Rojo. Viña Los Vascos (Lafite); Le Dix, conmemorando los diez años en el Mercado chileno. Portal del Alto y Terravid; Chile y España en un abrazo enológico, Gran Reserva Alejandro Hernández, Alcar de Terravid. Viña La Rosa. La Palma; Mención honorífica como vino de "boutique", La Capitana y el muy esperado ya próximo a irrumpir en el mercado Don Reca. Haras de Pirque; Alcanzó la doble meta de crianza de caballos de estirpe y esmerada producción de vinos sin igual, Haras de Pirque Elegance Cabernet Sauvignon and Chardonnay. Errázuriz, siendo Robert Mondavi el gran asociado nos presenta el magnífico Maximiano Founder's Reserve. Chile luchó por su vino y ya está recogiendo sus frutos.

$\mathcal{E}$L GRAN CHAMPAGNE ARMAND DE BRIGNAC

Considerado el Número Uno entre los cien de más prestigio mundial

Recientemente, los críticos en Enología y Master Sommeliers más respetados en la industria vinícola mundial, dejando a un lado los factores "marca" y "precio", condujeron una cata a ciegas de más de 1,000 champagnes. Los resultados fueron publicados en la revista Fine Champagne, la única publicación internacional de autoridad renombrada dedicada exclusivamente al culto del Champagne. Cada uno fue calificado dentro de una escala de 100 puntos. El proceso fue tan estricto que si la opinión de los jueces en la primera cata era de una diferencia de cuatro puntos entre las diferentes marcas, estos champagnes eran sometidos a una segunda para reafirmar la puntuación.

El número 1 de esta competición mundial, declarado "el mejor Champagne del mundo", le correspondió a *ARMAND DE BRIGNAC BRUT GOLD* (96 puntos) "un fino, suave y cremoso champagne con poderosos tonos de gran frescura mineral" según aseguró la publicación organizadora del certamen, dejando atrás a los gigantes Dom Pérignon (95 puntos #2), Mumm Cuvée R. Lalou (94 puntos #3), L. Roederer Cristal (94 puntos #4) y Egerier de Pannier (94 puntos #5).

Armand de Brignac posee todo lo que un gran champagne tiene que ofrecer. Aparte de su clásico estilo y perfección en el paladar que permiten gran capacidad de añejamiento, su presentación en una llamativa botella dorada, con la efigie del As de Espadas como estandarte, ensalza su imagen mercadotécnica. Producido por las bodegas de la familia Cattier, dueños de viñedos en Champagne desde 1763, se embotella en cantidades limitadas usando tradicionales e intensivos métodos manuales con una brigada artesanal de ocho trabajadores solamente, supervisados por el equipo enólogo "padre-hijo" Jean-Jacques y Alexandre Cattier, quienes seleccionan personalmente las uvas para la producción de sus inigualables vinos.

Cada Cuvée de Prestige, Brut Gold, Rosé y Blanc de Blancs, son producto de la mezcla de tres distintas añadas, permitiendo así más complejidad, brillantez y matices aromáticos que si se utilizan vendimias de un solo año. Los más recientes cuvées combinan los años 2002, 2003 y 2005 y nos ofrecen:

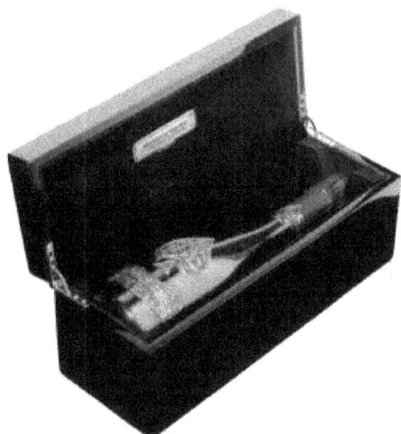

ARMAND DE BRIGNAC. BRUT GOLD (40% Chardonnay – 40% Pinot Noir – 30% Pinot Meunier): Complejo y de gran cuerpo con ligeras notas florales. Aporta gran carácter frutal y acentos de brioche en el paladar. Atractiva densidad y profundidad que imprime una cremosa textura y largo final. Un agudo y centrado Brut. (Precio $300.00).

ARMAND DE BRIGNAC. ROSE (50% Pinot Noir – 40% Pinot Meunier – 10% Chardonnay): Un brillante vino de tono asalmonado con aromas de fresas frescas y casís. Gran riqueza de bouquet con impacto de frutas rojas al comenzar y ligeras notas de gusto ahumado posteriormente. Profundo y largo final. (Precio $500.00).

ARMAND DE BRIGNAC. BLANC DE BLANCS (100% Chardonnay): Delicado, ligero y limpio. Seco y crujiente con notas de fruta joven y acentos florales. Presenta aromas de vainilla, frutas cítricas y albaricoque seco. Proporciona una impresionante y única experiencia gracias a la excepcional naturaleza de la noble uva Chardonnay de la región de Champagne. (Precio $500.00).

SORPRENDENTE NOTICIA! New York, January 13, 2011. La Casa Armand de Brignac acaba de presentar la mayor botella de Champagne del mundo. La impresionante botella *"Midas"*, de 30 litros de contenido, el equivalente a 40 botellas de tamaño regular con un peso de 100 libras. Fue nombrada en honor del Rey Midas, recordado en la Mitología Griega por su poder en convertir en oro todo lo que tocaba.

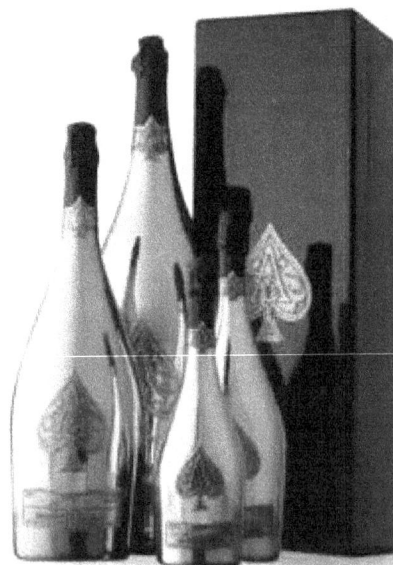

La primera de esta serie se vendió a un costo de $100,000.

Consejo: Bébase en copa de oro!

$\mathcal{H}$ABLEMOS DE LA GINEBRA

Nacida en Holanda y popularizada en Inglaterra, dio a luz al Rey de los Cócteles en New York.

Como he indicado en otras ocasiones la técnica de la destilación, desde épocas remotas, tuvo como principal objetivo el obtener espíritus con propósitos medicinales y curativos. El ingenio del hombre encontró alternativas que provenían de los efectos secundarios de tales remedios hipocráticos, convirtiendo los destilados en fuente de alegría, deleite, eroticismo, vigor y, desafortunadamente, violencia desaforada e inconsciencia, al traspasar la recta final. Contemos la ginebra como un vivo ejemplo.

El origen de este espíritu se le atribuye a Franciscus de la Boe (1614-72), profesor de medicina de la Universidad de Leiden en Holanda, quien se dedicó a destilar espíritus de la cebada perla y el centeno, combinados con las frutillas del enebro, un arbusto cupresáceo (juniperus communis) de la familia del ciprés. Añadiendo ciertos ingredientes botánicos curativos y aromáticos, integró un remedio medicinal de propiedades diuréticas. En breve tiempo las dolencias estomacales, renales e incluso la gota fueron tratadas con cierto éxito por el destilado de juniper berries. Esta frutilla, conocida por su nombre francés, genievre, fue denominada genever por los holandeses quienes en 1792 ya producían 14 millones de galones anuales de la susodicha "medicina" de aroma semiseco, en su mayoría para la exportación. La puerta fue abierta por las tropas británicas durante la "Guerra de los Treinta Años" en los Países Bajos. Temprano en la larga contienda la soldadera inglesa se aficionó a ingerir, al unísono con sus contrincantes, buenas dosis de genever, conocido en el campo de batalla como el coraje holandés. Así llegó a Inglaterra este espíritu de nombre complicado al que se

115

decidió bautizarlo Gin, dando comienzo a una de las culturas espirituoso-folclóricas de más arraigo en Gran Bretaña.

Si en la actualidad nos damos un paseo por el Soho u otros barrios reminiscentes del Londres de antaño, el letrero GIN aparece como sinónimo anunciante de bar o taberna.

La ginebra, nombre adoptado en España cuando hizo su aparición en el Mercado al finalizar las Guerras Napoleónicas, es el primer espíritu exótico que apareció en Europa. No es un simple destilado de grano como el vodka, aunque la técnica es idéntica. Sin embargo, debido a su principio original, los ingredientes botánicos y herbolarios, unidos a la creatividad de productores de países con fácil acceso a especias provenientes de los cinco continentes, nos ofrecen un espíritu con una infinidad de aromas.

La ginebra acaparó el Mercado de la Europa Occidental en sus dos estilos, el semiseco holandés y el London Dry Gin y emprendió su viaje sin retorno a América, Australia, Nueva Zelandia y Sudáfrica. El consumidor, a pesar de deleitarse con este espíritu diferente a todos, demandaba una fórmula sin precedentes y los productores estaban conscientes de esta carencia. La ginebra se degustaba sola o con escaso hielo. En ocasiones se mezclaba con seltzer y unas gotas de limón. Algo faltaba para institucionalizar el producto. América! América! Otoño 1912. Llovía torrencialmente en New York. La mayoría de los huéspedes del Hotel Knickerbocker acudieron a los bares en cuantía esperando el momento oportuno para poder salir a la calle. El jefe de los barmans, Giuliano Martini, inmigrante italiano de Arma di Taggia se dijo a sí mismo, "Ahora o nunca". Dirigiéndose a los clientes en alta voz anunció el nacimiento de un único y nuevo cóctel que el Hotel les ofrecía para calmar su inquietud. "De qué cóctel nos habla que no conozcamos ya?" Elaborado y servido.

Unos segundos de silencio y un aplauso unánime.

Había nacido el Martini, considerado hasta la fecha como el Rey de los cócteles.

Receta Original

1 onza de Gin –
½ onza de vermouth francés seco –
2 gotas de angostura de naranja.
Revolver con poco hielo en un vaso de mezclar.
Servirlo en vaso de cóctel. Aderezarlo con aceituna
Ó cascara de limón.

$\mathcal{C}$ELEBRANDO A SALVADOR DALI

La excelencia de la Casa Osborne y el Genio del surrealismo se nos muestran en la botella más admirada y original de nuestra Historia.

Salvador Felipe Jacinto Dalí y Domenech nace en el pueblo de Figueres, España, en Mayo de 1904. Padre del Surrealismo artístico en todas sus expresiones, ejemplarmente la pictórica. Vive y crea bajo un infinito amor por sí mismo, resumido en esta sentencia del Maestro: "Las dos cosas más afortunadas que pueden pasarle a una persona son, primero, ser Español y segundo, llamarse Salvador Dalí. Ambas me han sucedido a mí". Era obvio que sabía conducir su propia mercadotecnia admirablemente. Gala, su esposa, amante, única amiga y crítica a la que escuchó, fue la inspiración de su vida y su obra.

A fines del siglo XVIII, Thomas Osborne Mann, un joven inglés con sed de aventura sienta su residencia en Cádiz creando una empresa de exportación, adquiriendo varias bodegas en Jerez de la Frontera. En un corto tiempo viaja al cercano pueblo del Puerto de Santamaría donde establece su negocio con la ansiedad de dar a conocer al mundo la pureza de Jerez. En 1869, Thomas Osborne hijo, recibe el título hereditario de Conde de Osborne iniciándose así la única dinastía nobiliaria de productores de vinos y licores de la época.

El día de hoy, sus brandys, jerezes, oportos, licores de anís y vinos de mesa son mundialmente reconocidos. La joya de su línea de brandys es el Conde de Osborne Solera Gran Reserva, por generaciones orgullo de la familia y favorito de la élite espirituosa internacional. Un producto de este calibre merecía una presentación única para admiración y recreo del consumidor. En 1964 surgió el nombre de Salvador Dalí, como el del artífice indicado para diseñar una botella sin igual.

El vino, los espíritus y el Arte han estado íntimamente entrelazados desde la relativamente reciente aparición de la botella, hace aproximadamente trescientos años. Los tempranos tiempos de embotellamiento requerían grosor del vidrio, diferentes dimensiones y limitada transparencia, así como el uso de la paja para proteger la botella durante sus viajes de exportación. Los diseños, más que artísticos eran simplemente funcionales.

117

El talento artístico apareció plasmado mucho después en el etiquetado y publicidad a base de carteles exhibidos en áreas populosas e impresiones en periódicos y revistas. El Barón Phillipe de Rothschild se sirvió del talento de Picasso, Joan Miró y muchos de los maestros impresionistas como diseñadores de sus etiquetas de Château Mouton. Alexis Lichine siguió una tendencia similar de mercadeo en su línea de vinos. Solamente la revolucionaria botella diseñada por Dalí para la Casa Osborne es una obra de Museo. Al contratar al Maestro, los Osborne, conscientes del genio sin fronteras de su desconcertante surrealismo, estipularon solamente tres condiciones: la botella debía de ser vertical capaz de erguirse sobre una superficie plana; diseño apropiado para contener la cantidad de bebida pronosticada; y manufacturada en cristal.

Devoto a su estilo, Dalí concibió una inusual botella de porcelana, de color blanco lechoso con ángulos blandos y pinceladas enérgicas. Adornada con su interpretación del escudo de armas de la familia Osborne incrustado en el corazón del Toro, lema y logotipo de la empresa, ejecutado en 1956 por el gran Manolo Prieto, maestro de la mercadotecnia gráfica.

La noble sangre azul que emana del corazón del toro, refleja en el colorido de la botella la nobilidad de los hacedores del producto. Para su firma escogió también el azul.

El modelo fue presentado a petición de Dalí en el interior de un gigantesco huevo de plata que mostraría, al abrirse en el centro, al Conde de Osborne sobre una base de bronce.

Cúspide de Maestría y Mercadeo (M&M).

"Comencé llamándome un genio para impresionar a la gente y terminé siendo uno".

Salvador Dalí

EL GLAMOUR DEL ARMAGNAC

Para el deleite del consumidor desde el siglo XI

En el mundo sólo hay un brandy que se pueda comparar con el cognac y, según muchos expertos, que incluso lo sobrepase en aroma, sutileza y finura: el Armagnac. Perteneciente al distrito de Gascogne al oeste de Francia, Armagnac es una remota región rural de clima cálido y suelo arenoso, montañosa en su parte sur (Haut-Armagnac), siendo prácticamente una planicie en el norte (Bas-Armagnac), zona ésta que produce el brandy de más alta calidad. Hay tres factores de gran influencia en el logro de este inigualable espíritu: el uso exclusivo de la variedad de uva Ugniblanc, su tipo de destilación – combinación de clásico.

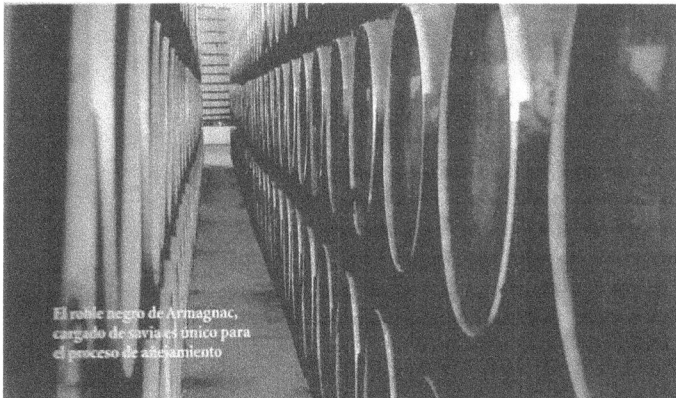

El roble negro de Armagnac, cargado de savia es único para el proceso de añejamiento

Alambique y técnica de proceso continuo – y el utilizar la madera local ó roble negro, cargado de savia, que ayuda a un añejamiento mucho más rápido que el proporcionado por el tradicional roble blanco. A los ocho años, el destilado alcanza una buena edad y a los 20 es simplemente soberbio. A través de los siglos, la sabiduría popular ha calificado el Armagnac como "el elixir que aviva el espíritu, trae a la memoria felices recuerdos del pasado y sumerge al hombre en una alegría sin fin". Fundada a finales del siglo XI, la Maison Marquis de Montesquiou trae consigo la historia y el romanticismo del más antiguo espíritu destilado en Francia. Desde esa era, los nombres "Montesquiou" y "Armagnac" han estado indisolublemente entrelazados representando los brandys de más clase en el mundo. Pierre de Montesquiou, Compte D'Artagnan sirvió al monarca Louis XIV como lo relata Alexandre Dumas (1802-1870) en su gran novela histórica **"Los Tres Mosqueteros"**. La tradición de once siglos de producción incansable de Armagnacs Montesquiou, se traduce actualmente en una singular colección.

Elaboremos:

Marquis de Montesquiou 1893:
COLOR – Ambar intenso. AROMA – Especias, chocolate y frutas de otoño. Notas suaves de trufas y entorno boscoso. PALADAR – Inicialmente se denota un equilibrio de sedosos sabores, desarrollando un excepcional largo final con notas de frutas secas, ciruelas pasas y especias. NOTA EPICUREA – Delicioso al final de la comida o servido con Filete de Venado acompañado de Puré de castañas con trufas. COSTO: $7,000.

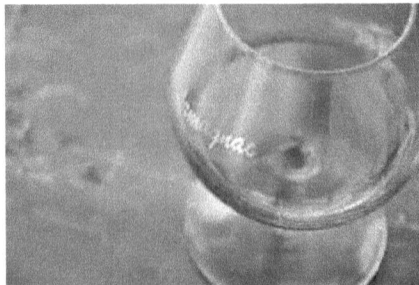

Marquis de Montesquiou 1904:
COLOR – Opulento con tonos ámbar y oro español. AROMA – Atisbo de vainilla, ciruelas, chocolate y pimiento negra. PALADAR – Complejo, desarrollando amargor bien controlado y suaves taninos. Largo y persistente final.
NOTA EPICUREA – Perfecto con mazapán y/o acompañando un buen cigarro puro. COSTO: $5,500.

Marquis de Montesquiou 1934: COLOR – Poderoso ámbar oscuro. AROMA – Madurez y complejidad con toques integrados de cacao, fruta seca, vainilla y especias ligeras. PALADAR – Comienzo ligero dando paso a fuertes notas de chocolate y a un final poderoso. NOTA EPICUREA – Espectacular con un Soufflé Roquefort o sorbete de cacao amargo. COSTO: $3,000

Marquis de Montesquiou 1960: COLOR – Oro intenso con tintes ámbar. AROMA – Suave y Redondo con notas de ciruela y chocolate entrelazadas con flor y piel de naranja.
PALADAR – Armónico, terminando con agradables notas de especias. NOTA EPICUREA – Un gran digestivo y gran acompañante de la Tarta Tatin. COSTO: $1,000.

Marqués de Montesquiou 1986:
COLOR – Cobre intenso con luces naranjas.
AROMA – Dominan notas de avellanas tostadas, frutas secas y especias.
PALADAR – Notas dulces combinadas de canela, clavo, pimiento de Jamaica con cierto amargor bien controlado. NOTA EPICUREA – Recomendado con quesos suaves acompañados de trufas negras. COSTO: $250.

Cuvée Pierre de Montesquiou, Compte D'Artagnan: COLOR – Intenso oro luminoso con toques de naranja. AROMA – Complejo. Notas de cedro, vainilla, avellanas grillé y mile. PALADAR – Vívido y elegante Integrado con chocolate y especias finas. Final largo de impresionante madurez y ligero dulzor. COSTO: $2,000

Marquis de Montesquiou, Cuvé Louis Premier:
COLOR – Intercambiante entre brillante ámbar y marrón. AROMA – Intenso y armónico con complejas notas de especias, vainilla, almendra, chocolate y miel de Acacia.
PALADAR – De gran textura, largo final y frescura vibrante. Un Armagnac de gran suavidad y profundidad. COSTO: $600.

El Armagnac es fabuloso para degustarlo, para colección o inversión financiera.

"Santé pour tous!

EL VINO DE JEREZ, UNICO Y ELEGANTE, ORGULLO DE LA TIERRA ANDALUZA.

Sol de España en manos de la mujer jerezana

La bodega real. Barriles dedicados y firmados por la realeza española, británica, belga y japonesa

Bautizado Xera por los **Fenicios** al expulsar a los **Tartesios** en 1100 A.C., la ciudad de Jerez, cuna de los mejores vinos de copeo del mundo, cambió de nombre repetidas veces de acuerdo a las vicisitudes históricas por las que atravesó. Fueron los mismos Fenicios quienes trajeron consigo, plantaron y cultivaron las primeras vides en aquellas fértiles y yesosas tierras. Vértice del triángulo que constituye el área de Jerez Superior, Xera conservó su nombre durante las dominaciones cartaginesa y griega, para ser cambiado por Ceret en el año 38 A.C. en que el emperador Cesar Augusto integró la Península Ibérica al vasto Imperio Romano, denominando también ¨Baetica¨ a la provincia donde reposaba la ciudad de Jerez actual. Las ordas bárbaras que desintegraron la civilización romana, de hecho las tribus de los Vándalos, ocuparon la cálida provincia mediterránea denominándola Wandalousia. Subsecuentemente los Visigodos conquistaron la Península Ibérica cambiando el nombre de Ceret por Seret. Con la invasión de los árabes, quienes implantaron la técnica de la destilación, surgió el nombre de Xeri, que después se convirtió en Xerez al integrarse al Reino de Castilla y, finalmente, se adoptó el nombre definitivo de Jerez, capital vinícola de Andalucía.

Hace más de 150 años la compañía González Byass, modelo único en la elaboración de los vinos de Jerez, fue establecida por Don Manuel María González Angel quien, bajo la asesoría de su tío materno José Angel de la Peña (el "Tío Pepe"), comenzó la producción de una selecta gama de vinos destinados en su mayoría a la exportación, siendo Inglaterra el mayor consumidor de los néctares jerezanos desde la primera mitad del siglo XIV, convirtiéndolos en los vinos de ¨copeo¨ universalmente más apreciados en la actualidad.

121

Fue así como surgió una provechosa relación comercial con Robert Byass, comerciante de vinos establecido en Londres, nombrando esta asociación González Byass & Co.

productora de vinos y brandys de Jerez. Una nutrida exportación a Francia, Alemania y Rusia y la aparición en el mercado del legendario Fino "Tío Pepe", dieron fama internacional a los caldos de las Bodegas del triángulo de Jerez Superior, constituido por Jerez de la Frontera, Sanlúcar de Barrameda y el Puerto de Santamaría. Son tres tipos de uva las cultivadas para la producción del vino de Jerez: "Palomino", "Pedro Ximenez" y "Moscatel". Viñas aristocráticas, delicadas y costosas de mantener. Cultivadas en tierras ricas en carbonato de calcio o "yeso" y fermentadas en roble americano, producen caldos socialmente estimulantes y fortificantes para nuestro metabolismo. Como compañeros de la cocina son muy "sui generis". Su penetrante aroma impide consumirlos como vino de mesa, sin embargo abren poderosamente el apetito. Primero nos deleitamos con su bouquet y después se decide el menú. A la hora del postre, hacen de las suyas proporcionándonos un bienestar físico induciéndonos a la tertulia.

Recomendamos para su deleite los siguientes jerezanos de González Byass: "Tío Pepe" Palomino Fino, muy seco. "Del Duque" Amontillado, seco. "Apóstoles" Palo Cortado, semiseco. "Matusalén" Oloroso Dulce. "Noé" Pedro Ximenez, Generoso dulce.

El vino de Jerez está actualmente haciendo una entrada triunfal en Estados Unidos. Es ya habitual en New York, Chicago, Los Ángeles, San Francisco y Miami, entre otros sofisticados centros urbanos, el comenzar una jornada culinaria saboreando el sol de España embotellado.

"Si mil hijos tuviera, el primer principio humano que les enseñaría
Sería abjurar de toda bebida insípida y dedicarse al Vino de Jerez"

William Shakespeare

LA RESPUESTA DEFINITIVA SOBRE LA EXCELENCIA DEL VINO DE CALIFORNIA

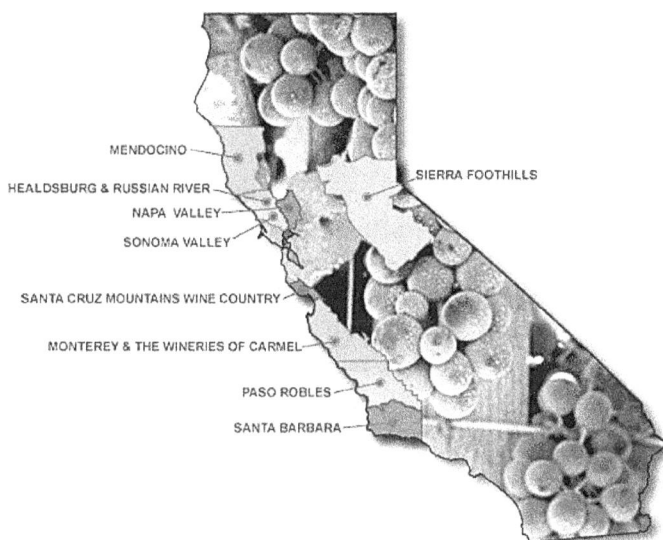

Son incesantes las veces que tanto aficionados como neófitos en materia vinícola me preguntan: ¿Qué país produce el mejor vino del mundo? – Incontestable para los profesionales de la industria – "Me dijeron que el vino de California ha mejorado un poco. ¿Es cierto? ¿Qué me recomiendas servir en mi fiesta, vino francés o español?. ¿Quizás italiano?". Todas ellas resultado de un desconocimiento enológico total, ya que California produce actualmente vinos de la más alta calidad, siendo Sonoma y Napa la cuna de algunos de los mejores vinos del mundo. Un vivo ejemplo de este fenómeno son los caldos elaborados por las Bodegas Matanzas Creek que, desde 1978, año de su primera cosecha, se ha centrado en la creación de vinos de gran elegancia y equilibrio, considerados entre los más clásicos de Sonoma. Se acaban de cumplir tres décadas de gloriosa labor artesanal que han llevado a Matanzas Creek a la cima del Mercado vinícola internacional.

Bennet Valley, milagro agrícola, geológico y climático, alberga los viñedos de las bodegas situadas en la confluencia de tres montañas, Sonoma, Bennett y Taylor, de un pasado volcánico ancestral, que capturan la brisa marina del océano Pacífico creando un efecto de temperatura fresca produciendo una larga estación de cultivo, lo que obliga al viticultor a desempeñar un trabajo duro, pero sin prisas. La propiedad es un auténtico vergel en cuyos campos se cultivan con mimo las plantas de lavanda salpicando el paisaje con bucólicos aromas.

La paz reina por doquier y la Madre Naturaleza bendice con abundancia los viñedos. Durante un período de 30 años se han plantado variedades que forman parte de la historia vitivinícola de California: Chardonnay, Sauvignon Blanc, Pinot Noir, Merlot, Cabernet Sauvignon, Syrah y Malbec. Apenas hace unos meses aparecieron en el Mercado tres de los vinos que puedo calificar, sin temor a equivocarme, como la más gloriosa hazaña vitivinícola californiana. Elaboremos:

Chardonnay (100% Chardonnay): El fresco clima permite una lenta maduración de la uva lo que confiere a este vino un perfil de acidez natural perfecto. El terroir basáltico imparte óptimas características de minerales ahumantes.

COLOR: Oro pajizo.

AROMA: La primera impresión aporta notas de vainilla y brío de cáscara de limón. Tan pronto se oxigena agitándolo lentamente, profundos tonos de miel, pera y membrillo se hacen evidentes.

BOUQUET: Delicado cremoso sabor de limón, pera y melocotón blanco, con toques de madreselva, coronado por la inconfundible influencia del noble rot – fruta pasada de madurez– que adorna los vinos blancos más apreciados de Francia, dándole a este Chardonnay estelar una esbelta nota de dulzor natural.

Sauvignon Blanc (87% Sauvignon Blanc – 13% Sauvignon Musque): El estilo peculiar de este vino se logra con la mezcla de la variedad Sauvignon Musque (un clon pariente de Sauvignon Blanc) que equilibra su acidez natural, refuerza el paladar-medio y provee un final más largo al caldo. Añejado en barriles de roble francés de grano muy fino ayuda a preservar sus cualidades aromáticas.

COLOR: Paja translúcida.

AROMA: Perfume intenso de toronja rosada y melón, combinado con enérgicas notas de especies y minerales.

BOUQUET: Emulando su efecto aromático encontramos toques de cítricos frescos y melón, ensamblados con hierbas blancas. Un vino refrescante, de cuerpo ligero y final suave.

Merlot (85% Merlot –12% Cabernet Sauvignon – 3% Syrah): Este vino es, sin duda alguna, la joya de la familia Matanzas Creek. "La Madre Naturaleza nos trajo una intensa ola de calor en Julio de ese año, por lo que tuvimos que escudar los viñedos protegiéndolos de los fuertes rayos del sol. Desde que esta amenaza fue eliminada, pudimos dejar los racimos descansando en la parra por un período de tiempo extendido, esto nos aseguró el logro de una fruta más madura, ayudándome a desarrollar un bouquet más complejo" nos afirma Francois Cordesse.

COLOR: Rojo granate.

AROMA: Perfumado con una variada combinación de hierbas frescas, tomillo, salvia y clavo. Se detectan claros toques de frutas rojas y membrillo junto con notas de zarzamora y cereza negra.

BOUQUET: Dominan los sabores silvestres de frutas rojas y tierra mojada combinados con clavo, pimienta y membrillo, confiriendo a este vino un equilibrio excepcional y suaves taninos.

$\mathscr{C}$ELEBRANDO EN LA BODEGA

A principios del siglo XIX el primer Chef Patrón Antoine Soyer sorprendió a los parisinos con la apertura del primer establecimiento urbanístico dedicado a la "restauración" física del organismo, ofreciendo exclusivamente una gran variedad de sopas procedentes de las diversas regiones de Francia. Sus vinos nuevos borgoñones de la bodega eran consumidos en cuantía por la ciudadanía que, hasta entonces, se refugiaba en las sórdidas tabernas de los barrios bajos de París.

Chateau Lafite 1822 (izq.)
y Chateau Latour 1943:
dos ejemplares únicos

Mucho tiempo atrás existían ya los albergues y mesones de carretera para "restaurarse" durante largos viajes en incómodos medios de transportación y sus bodegas, repletas de vino del país en pellejos de cuero, eran la bendición de los viajantes. Con Soyer se abrió la primera puerta de lo que podríamos denominar gastronomía popular.

En los restaurantes, gracias a la milenaria cultura vinícola, la bodega no es simplemente un área de almacenaje, sino una muestra fehaciente del entusiástico empeño de sus dueños, compitiendo con orgullo por brindar a su clientela los vinos más afamados en existencia. Sin embargo la clientela no tenía acceso, sino en contados casos, a los recintos de producción de alimentos o a las bodegas.

Un Menú elaborado con maestría y una bien ingeniada Carta de Vinos eran los mensajes enviados a los comensales, que, en numerosos ocasiones se quedaban con la curiosidad de saber qué había más allá de las bellamente decoradas paredes del establecimiento. Esta actitud fue captada por propietarios y directores de restaurantes de calibre, quienes comenzaron a implementar visitas de clientes seleccionados a sus cocinas y bodegas, dirigidas por chefs y sommeliers o por ellos mismos en numerosas ocasiones.

Más adelante surgieron las ventanas acristaladas permitiendo vistas parciales de dichas áreas, culminando con la promoción de La Mesa del Chef, quien figura como anfitrión en su cocina, presenta y sirve menús especiales seleccionando los vinos correspondientes.

Un "tour" de sus inmaculados dominios es parte obligatoria del evento.

Las tradicionales reglas sacramentales de "ciertos vinos con ciertos alimentos" han desaparecido hace años. Un consumidor inteligente amante del vino debe de aceptar gustoso los consejos de un sommelier de talento. Tanto un Château Lafite 1822 como los más codiciados vinos de "boutique" del momento deben estar presentes en las Bodegas de "Alto Calibre".

UN GRAN SALON DE CATAS

EXPLORANDO DRY CREEK VALLEY EN SONOMA

Una comunidad vinícola familiar profundamente unida que destella en el Mercado

Setenta millas al norte de la Bahía de San Francisco y alrededor de veinte millas de distancia del Océano Pacífico reposa la región de Dry Creek Valley, la cual posee un clima cálido en el norte y fresco en la parte sur. Muy similar a Bordeaux, reino del vino en Francia. Con un total de 9,095 acres de viñedo, diversidad de microclimas permiten el cultivo de un gran contingente de *Vitis Vinifera:* Cabernet Sauvignon, Zinfandel, Merlot, Chardonnay, Sauvignon Blanc, Syrah, Pinot Noir, Pétite Syrah, Sangiovese, Cabernet Franc, Cariñena, Malbec, Grenache, Barbera y Viognier. Difícil encontrar un terroir de tal riqueza.

La mayor extensión del Valle pertenece a la gloriosa Cabernet Sauvignon, con la Zinfandel pisándole los talones. Esta gran variedad de cepas permite la evolución del tradicional estilo californiano creando mezclas que compiten con los tesoros europeos de la Industria. La principal razón para alcanzar la calidad máxima del vino no sólo reside en clima y suelo, sino en el factor humano. La familia. Un vínculo indisoluble que aporte una dedicación sin límite.

California gana la cesión por parte de México en 1845. Un sinnúmero de emigrantes procedentes de los cuatro puntos cardinales se establecen en esta tierra prometida, motivados por "La fiebre del Oro" y su riqueza de suelo para el fomento de la agricultura y ganadería. Al unirse como Estado a la Unión en 1850, California albergaba algo más de 90,000 habitantes. Treinta años después, debido a la integración migratoria en su mayor parte, su población alcanzaba los 865,000. Cifras nunca vistas en la historia de la Antropología.

En 1865, "S.P." Hallengrin ocupa con su familia 5,000 acres de terreno en Dry Creek Valley. Procedente de Suecia y ganadero de tradición, decide iniciar la cría de ganado ovino a lo que dedica con éxito los primeros cinco años de estadía en el Valle. Sin embargo, "S.P.", siguiendo la norma dictada por el antiguo refrán "Donde fueres haz lo que vieres", su familia se unió a un nuevo grupo de agricultores versados en el cultivo de la vid, plantando los primeros esquejes en sus fértiles tierras. Siete años después abre sus bodegas produciendo los primeros vinos de Dry Creek Valley, en su mayoría de la variedad Zinfandel. El consumo doméstico local era escaso y la mercadotecnia estaba apenas gateando. "S.P." tuvo una gran visión comercial. Convertirse en el primer exportador de vinos californianos. Aprovechando sus conexiones con el Viejo Continente, sus vinos se enviaban casi en su totalidad a Suecia, su tierra natal. Si las iniciales de su nombre representaran una personalidad hispana, se le habrían interpretado como "Sin Paralelo".

1,141 años y seis generaciones después, Clay Mauritson, heredero por línea directa de "S.P." Hallengrin y Presidente de Wine Growers of Dry Creek Valley Association, porta con orgullo junto a su esposa Carrie el estandarte de la familia.

DRY CREEK APELLATION. Recomendamos a nuestros lectores las siguientes bodegas: Hawley – Pedroncelli – Dry Creek Vineyard – Mauritson Family – Rafanelli Terrace Select– Gopfrich –Forchini – Wilson – Gallo of Sonoma – Collier Falls – Michel-Schlumberger – Montemaggiore –Forth "Trois enfants" – Peterson.

Brindemos con los "Sonoma"!

L TEQUILA, LEGACION ESPIRITUOSA DEL IMPERIO AZTECA
Conquistándonos con su exquisito y sensual aroma.

La era precolombina de América se distingue, entre muchos otros portentos culturales, por la gloriosa existencia de más de dos siglos del Imperio de los Aztecas. Habiendo conquistado una mayor parte de México, solamente la soberanía de los Incas del Perú puede compararse a los logros históricos iniciados por el legendario Tenoch, patriarca de la civilización azteca y creador de la gran Tenochtitlan, capital del Imperio en los siglos XI y XII, y capital de México en la actualidad. Una de las fuentes más importantes de alimento, jugo natural o "pulque", azúcar, producción de papel y fibra textil era el agave, también conocido como maguey, una frondosa planta arraigada en los valles y mesetas del México central, particularmente en el área geográfica hoy denominada Jalisco, uno de los estados más prósperos de México.

Manuscritos de la época documentan un hecho accidental e insólito que tuvo lugar en el valle de Arandas. Durante una fuerte tormenta nocturna de gran actividad eléctrica poderosos rayos calcinaron un sinfín de plantas de agave dejando el corazón abierto, segregando un líquido que resultó deliciosamente dulce y aromático, el cual, tras un breve proceso de fermentación, producía un estado mental de euforia al ser ingerido. Esto fue considerado por los Aztecas como una dádiva de los dioses comenzando así la cosecha, extracción y fermentación de tan prodigioso líquido.

Se le bautizó como "mezcal", palabra del idioma Nahuatl que significa "regalo", y el centro de producción y mercadeo se estableció en Tequila. El resto es historia reflejada en las Crónicas de las Américas descritas por los conquistadores españoles, quienes refinaron el proceso destilando el sensual jugo. En el año 2001, solamente en Estados Unidos se consumieron 25,000 cajas de Tequila, el equivalente a 300,000 botellas, en Europa está considerado como uno de los "espíritus" más exóticos y el delicioso cóctel "Margarita" ocupa actualmente el segundo lugar, después del "Martini", dentro de la Coctelería Internacional.

El *"agave azul"* es el más apreciado de la especie "amaryllis" a la cual pertenece esta planta. El hecho de que son casi cuatro años el tiempo que necesita el agave para reproducirse se refleja en el elevado costo del producto, debido a la extraordinaria demanda del mercado.

Se producen varios estilos de Tequila, siendo los más celebrados el cristalino Blanco o "Silver", el Reposado de color dorado ligero añejado en barricas de roble blanco, el Añejo de color oro profundo envejecido en la madera y el Almendrado con su característico sabor. Existen más de 200 marcas de Tequila en el Mercado, lo que obliga al consumidor a ser selectivo.

Recomendamos como muy especiales para tomarlos "straight" sorbiendo un pequeño gajo de Limón amarillo y un pequeño toque de sal fina:
"Espolón"
"Cuervo Gran Centenario"
"1800 Millenium"
"Don Julio"
"Patrón"
"Arandas"
"Chinaco Añejo"
"Herradura Selección"
"Hornitos"
"Porfirio Barrique de Ponciano"
"Sauza Almendrado"

Si se tiene intención de saborear una buena "Margarita" les sugiero un tequila blanco de costo más conservador. *Son deliciosas en el verano!*

ORO, DIAMANTES Y VINO

LOS TESOROS DE SUDÁFRICA

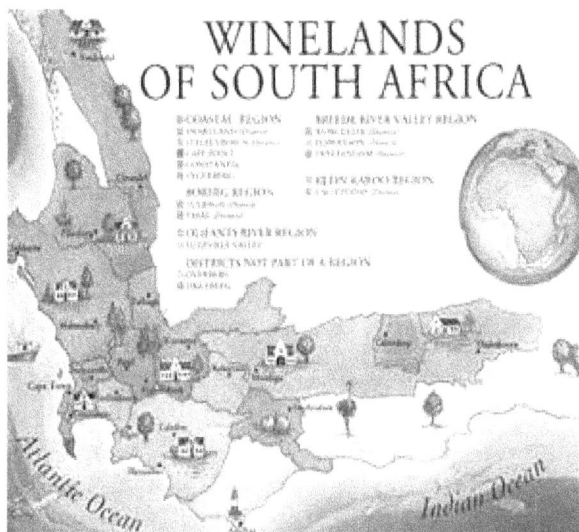

Aunque Herodoto de Alicarnaso (484 A.C.), eximio autor griego y padre de la Historia Antigua, afirma que los fenicios circunnavegaron el Continente africano, fue Sudáfrica desconocida para los griegos, romanos y hasta los mismos europeos. No fue hasta finales del siglo XV, bajo el patrocinio del príncipe Enrique el Navegante, en que los aguerridos marinos y exploradores portugueses Bartolomé Días de Novais y Vasco de Gama abrieron la ruta del oro y las especies asiáticas a través del Cabo de Buena Esperanza en la punta sur del continente africano donde actualmente se yergue la Ciudad de El Cabo.

En 1652 un grupo de mercenarios holandeses bajo el liderazgo de Jan van Riebeeck, médico del navío, comenzó la exploración de Sudáfrica, estableciendo una estación costera de aprovisionamiento para la ruta a la India. Impresionado por la calidad de su suelo y el clima mediterráneo Van Riebeeck sin dilación alguna ordena la importación de viñas de Europa, comenzando así el cultivo de la vid para la producción de vino, brandy y para el uso como el antídoto más eficaz contra el escorbuto. En 1659 las uvas de las primeras viñas, Muscat de Frontignan, Palomino y Hanepoot (Muscat de Alejandría) fueron prensadas. Los resultados fueron lo suficientemente aceptables para continuar el cultivo hasta la llegada, en 1679, del primer Gobernador Simon van der Stel quien multiplicó el plantío del viñedo dando gran impulso a la actividad vinícola. Después de numerosas exploraciones de las tierras, Van der Stel adquirió para el cultivo de la vid extensas propiedades al sudeste de El Cabo, estableciendo el primer conglomerado vinícola utilizando exclusivamente la uva Muscat de Frontignan al que bautizó "Constantia". Poco tiempo después de su aparición "le vin de Constance" conquistó las Cortes europeas convirtiéndose en el vino favorito de Napoleón. Casi simultáneamente, el Gobernador descubrió en sus sondeos los atributos vinícolas de la región del río Eerste al pie de las montañas conocidas como "Wilde Bosch". Simplemente combinando su nombre, denominó la región "Stellenbosch", la cual, en breve tiempo, se convirtió en el centro de la industria vinícola de Sudáfrica.

El Imperio Británico terminó posesionándose de la "colonia de El Cabo" a raíz de las guerras Napoleónicas. La explosión económica de Sudáfrica surgió en 1870 con el descubrimiento de inmensos yacimientos de

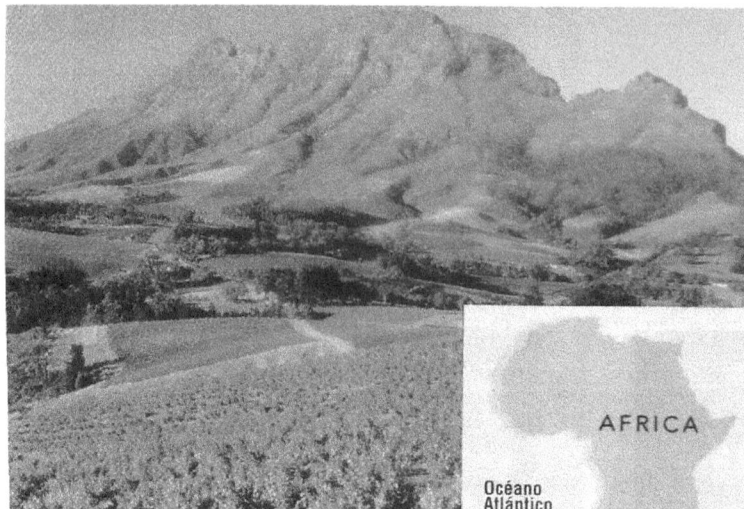

Viñedos orando al pie de la montaña

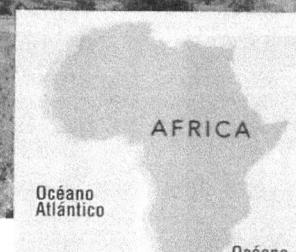

diamantes y vetas auríferas a lo largo de los ríos Orange y Vaal, eclipsando todas las "fiebres de enriquecimiento" conocidas hasta entonces. Los ingleses comenzaron a importar inmensas cantidades de vino de El Cabo, ciudad tildada con el sobrenombre de "Little Paris". Adicionalmente la maestría en el arte de hacer vino de un contingente de hugonotes, expulsados de Francia por sus creencias religiosas, contribuyó a integrar métodos borgoñones en la elaboración de los excelentes caldos sudafricanos, tanto blancos como tintos. La más notable hazaña vinícola surgió en 1925 con el desarrollo de un cruce híbrido de las uvas Pinot Noir y Cinsault (Hermitage) denominado Pinotage, la afrancesada mezcla exclusivamente distintiva de Sudáfrica. Desde 1991, en que fue abolido el sistema político de segregación social que había aislado económicamente al país, la demanda de vinos de alta calidad a precio razonable han multiplicado los índices de exportación.

MENCIONES HONORIFICAS:

Nederburg: Chardonnay Reserve – Classique de Chardonnay - Sauvignon Blanc Reserve – Premier Grand Cru – Rhine Riesling – Sauvignon Blanc / Chardonnay – Noble Late Harvest – Pinotage – Cabernet Sauvignon Reserve - Duet (Pinot Noir / Cabernet) – Edelrood (Cabernet Sauvignon / Merlot) – Cabernet Sauvignon / Shiraz.

Fleur du Cap & Durbanville Hills: Chardonnay – Sauvignon Blanc – Merlot – Pinotage – Cabernet Sauvignon – Shiraz.

Two Oceans: Chardonnay – Shiraz.

Rupert & Rothschild: Baronesse Nadine (Chardonnay) – Classique (Cabernet / Merlot) –Barón Edmond (Merlot / Cabernet).

$\mathcal{L}$A CATA DEL VINO

LOS PASOS A SEGUIR PARA DESCIFRAR SUS VALORES Y APRECIAR EL FRUTO DE LA ARDUA TAREA DEL VINICULTOR.

Hoy en día existe un interés progresivo, tanto nacional como internacionalmente, en la industria del Vin en general y, específicamente, en su impacto de consumición en el Mercado, abarcando el aspecto doméstico cotidiano, reuniones familiares y sociales y eventos aristocrático-elitistas.

La mayoría estamos ligados en diferentes grados al fenómeno enológico del amor por el Vino. Pero, ¿cómo lo juzgamos si no pertenecemos al círculo profesional que lo produce? ¿De dónde vamos a adquirir conocimientos instantáneos que nos permitan calificar, catalogar y describir en atmósferas sociales la nobleza de un Vino que nos brindan o que ofrecemos?

Todo se consigue con el tiempo. Sin embargo siempre existe el primer paso que nos inicia en la lógica cadena proporcionada por la naturaleza.

En el campo vitivinícola el primer paso tanto para consumidores como para críticos es La Cata. Como probar el producto llegando a una conclusión final para nuestro paladar, teniendo siempre en cuenta que el vino "malo" no existe si procede de uva de alcurnia. Los primeros ritos sacramentales son la apreciación del aroma ("nariz"), color, probarlo para detectar el bouquet y finalmente, enviar los hallazgos al cerebro.

Y recuerden, la Suprema Corte en este juicio es, últimamente, el cerebro, que almacenará para siempre la impresión de La Cata.

Tienen oportunidades sinfín de participar en grandes Catas de Vinos. Aprovéchenlas!

EL "SAKE" DESTELLA DESDE EL LEJANO ORIENTE RECONOCIENDO SU INFLUENCIA EPICUREA EN EL MUNDO OCCIDENTAL

El arte del buen vivir proviene del culto a la sensualidad. Es alcanzar la cima del placer agasajando los sentidos sirviéndonos de las circunstancias brindadas por la naturaleza, en combinación con la creatividad de la inteligencia humana. El resultado de esta ecuación es una rica aportación a la cultura de diversas civilizaciones, en especial las del sibarita mundo oriental, cuya influencia es innegable en la gastronomía de hoy.

El Sake, producto de la fermentación del arroz, se originó en Japón y no tiene fecha de nacimiento. Sin embargo la técnica viajó por todos los países asiáticos productores de arroz rápidamente. "Kojiki", el libro de crónicas más antiguo del Imperio del Sol Naciente, vagamente lo vincula a la "época de los Dioses" en que un valiente samurái, por orden de Amaterasu, la diosa del Sol, liberó a la Princesa Kushinada del cautiverio de la Gran Serpiente del Lago Yamata, tentándola con ocho barriles de sake para al fin destruirla con su espada mágica. La primera documentación de este fermentado data del siglo III en que Susukori, maestro en la elaboración del sake, dedicó su experiencia como proveedor del Emperador Ojin. Más adelante, historias escritas durante la época de los 700, nos ilustran en el procedimiento primitivo para producir el "mosto" del sake denominado "kuchikami no sake", basado en mascar arroz al vapor, castañas y mijo, arrojándolo en barriles donde fermentaba por varios días. El mosto más apreciado, solamente consumido por los aristócratas, era el masticado por jóvenes vírgenes. Hoy en día sabemos que este posiblemente antihigiénico método aportaba enzimas provenientes de la saliva que convertían el almidón en glucosa produciendo alcohol, al cual se le añadía levadura logrando la composición básica del sake, terminando el producto con agua cristalina de manantial. Una fórmula idéntica a la del vino con la diferencia de que las uvas eran pisadas y no se utiliza el agua. El moho en el arroz, como el hongo en las uvas sauternes, es imprescindible para la elaboración del sake. Este versátil vino se produce con

135

diferentes bouquets, desde muy seco a muy dulce y su contenido alcohólico oscila entre un 14% y un 20%. Puede consumirse a diferentes temperaturas.

El tradicional sake "kan" se bebe a 113 grados (F), calentando la botella lentamente en agua, decantándolo en porcelana fina, servido en tacitas, también de porcelana, que ostentan la silueta de una serpiente enroscada en el fondo. Cuanto más clara es esta visión decorativa, más alta es la calidad del sake. Es magnífico como aperitivo o para acompañar toda clase de platillos que no sean muy salseados. Se recomienda la temperatura ambiente para copear, coctelería o preparar salsas culinarias.

Finalmente el "hiya", un sake bien enfriado, ofrece características afrutadas y de frescor, ideal para disfrutarlo con menús de primavera y verano, aunque siempre es recomendable combinado con entradas frías.

La cata del sake es un episodio complejo y ceremonioso. Solamente profesionales escogidos por centros investigadores gubernamentales, críticos de carrera y maestros catadores reconocidos por su experiencia e imparcialidad tienen acceso a estos eventos.

El salón ideal para la cata debe tener abundancia de luz natural evitando filtración solar, con ventanales orientados al norte y de paredes de color crema ligero. La temperatura debe de oscilar entre 64 y 68 grados (F), una humedad de 50% a 60% y una ausencia total de olores o fragancias. Fumar está prohibido.

Las horas impuestas son entre 10:00 y 11:00 de la mañana, para que los catadores se hayan recuperado del sabor del desayuno, sin estar listos para el almuerzo. La taza de porcelana "oficial" usada en las catas ostenta el "ojo de la serpiente" en el fondo, como explicamos anteriormente, para apreciar la claridad de sus líneas una vez servida a un 80% de su capacidad. Resultado: Un vino exótico, honesto, estrictamente seleccionado y al alcance de todos en licorerías de clase. *Disfrútelo!*

LO QUE USTED NO DEBE OLVIDAR

¿QUÉ ES EL VINO?

Esta bebida, la más antigua en record después del agua, la cual es necesaria para el desarrollo de la Vida misma, es el resultado de una simple fórmula química orgánica que pone en movimiento un proceso de fermentación.

Azúcar + Levadura = Alcohol + C02 (Dióxido de Carbono)

Flores, raíces y la mayoría de las frutas pueden considerarse ingredientes para producir ciertos tipos de bebidas fermentadas, pero nuestro protagonista es el jugo o "mosto" extraído de la uva madura, específicamente de la especie europea *Vitis Vinifera*, ideal para la producción del vino.

Este jugo o mosto aporta el azúcar a la fórmula haciéndole reaccionar lentamente con las diferentes levaduras silvestres contenidas en la piel de la uva, transformándose en alcohol y produciendo también dióxido de carbono (C02), un gas que se volatiliza en la atmósfera.

DATOS DE MAXIMA IMPORTANCIA:

La palabra vino es derivada del latín, *Vinum*, la que a su vez proviene del griego *Oinos* o *Woinos*, siendo estos los únicos términos lingüísticos documentados. La gran mayoría de las investigaciones indican que el vino surgió por un mero accidente. Un típico generalizado ejemplo anecdótico es el antiguo relato sobre una familia celebrando una alegre merienda en un área boscosa donde las vides crecían silvestres. Las uvas eran una excelente fruta, de gran dulzor, ideales para consumirlas en su merienda y también fáciles de transportar.

Alguien sugirió llenar unas bolsas de cuero para llevarlas a sus casas y poder gozar de su sabor en días venideros. La fricción y la presión de las bolsas de cuero, al usar un primitivo método de transportación, causaron la ruptura de la uva permitiendo a la levadura de la piel reaccionar con el azúcar, activando la fórmula arriba descrita. Los invitados a esta supuesta merienda, al probar después de cierto tiempo las uvas, sintieron los efectos del alcohol producido y, al parecer, estuvieron unánimamente de acuerdo en que habían descubierto la fuente del placer. Subsecuentemente se creó lo que hoy conocemos como el proceso de vinificación de la uva. Su procedencia no está determinada, pero los expertos en la Ciencia del Vino (Enología) coinciden en que surgió en las áreas geográficas rodeadas por el mar Negro y el mar Caspio. En Persia y Egipto se hallaron fragmentos de viñas fosilizadas datando de los años 3000 al 1000 A.C. demostrando que la uva se daba silvestre, siendo cultivada posteriormente. Podemos también verificarlo plastificado en escenas de numerosos murales, bajo relieves y pinturas en sepulcros, así como en el hallazgo de ánforas y vasijas de la época. La primeras menciones documentadas sobre el vino están contenidas en La Biblia, siendo la más remota la del Antiguo Testamento: Génesis, Libro de Noé 9:20 y posteriormente en el Nuevo Testamento: Las bodas de Canaán, en la que se narra el milagro de Jesucristo al convertir el agua en vino. Alrededor de los años 2000 A.C., la uva *Vitis Vinifera* abrió su camino a través de la isla de Creta por el sur y del Asia Menor vía norte, iniciándose de esta forma la introducción al cultivo de la vid en Europa. El proceso de vinificación pasó primeramente a Grecia y, con el tiempo se extendió por el continente europeo con la contribución del espíritu de conquista y colonización del Imperio Romano. En el siglo XVI surgió el último heredero: América Latina.

¿QUÉ ES UN VIÑEDO?

Se llama viñedo a la superficie de suelo en la que se planta, cultiva y cosecha la viña de la especie europea *Vitis Vinifera* con el propósito de usar su fruta, la uva, para iniciar el proceso de la producción del vino.

La unidad universal para la medida agrícola de extensión de un viñedo es la hectárea, equivalente a 2.471 acres. En Estados Unidos y Australia se utiliza el acre como unidad de superficie. El volumen de producción de un viñedo se calcula en el número de cajas de vino (1 caja = 12 botellas) que se logran por hectárea o acre de terreno. El cultivo de la vid es un trabajo intenso y detallado. El viñedo es un jardín.

¿CUÁLES SON LAS CARACTERÍSTICAS DE LA VIÑA?

La viña es una planta leñosa de naturaleza perenne con algunos elementos herbáceos, cuyas raíces pueden arraigar hasta más de cien años. Con el paso del tiempo, la cantidad de uva que la planta produce va disminuyendo, pero la calidad del vino, en general es más alta. Sin embargo hay que considerar también que una larga vida de la viña, en algunos casos, la expone a plagas, alteraciones geológicas del suelo y reveses meteorológicos, afectando negativamente al vino resultante. El ciclo del viñedo es anual. Las nuevas hojas aparecen en la primavera y, hacia el final de la estación comienzan los brotes de racimos de uva. El crecimiento se desarrolla durante los meses de verano en que las viñas acumulan los nutrientes absorbiéndolos del aire y el suelo hasta llegar al punto de madurez, con el contenido de azúcar apropiado. Se puede apreciar a simple vista el cambio de colores en la uva. En el mes de Septiembre y, en ocasiones durante las dos primeras semanas de Octubre, se lleva a cabo la cosecha de la uva, denominada también vendimia en los países de habla hispana. Las uvas son prensadas para la extracción del jugo o mosto, completando así el primer paso del proceso de hacer vino. Cuando el viñedo está destinado a la producción de vinos dulces la uva no se cosecha hasta finales de Octubre ó durante el mes de Noviembre. Este periodo extendido de tiempo produce una concentración de hongos en las uvas dándoles un aspecto de podredumbre, pero eleva al máximo el contenido de azúcar.

Los vinos de Sauternes (Francia) y los estilos Auslese y Spatlese de Alemania son vivo ejemplo de gran calidad de vinos blancos dulces elaborados con este sistema de cosecha tardía.

Las viñas desde el momento en que son plantadas, deben de estar perfectamente alineadas, dejando un espacio ó pasillo entre ellas y siempre orientadas al punto cardinal que les proporcione máxima exposición solar. Necesitan de un cuidado constante durante el período de crecimiento: erradicar las hierbas ajenas a la planta, no usar más abono del necesario, irrigación si las condiciones climáticas lo requiere y conservar la viña elevada para que los racimos no toquen el suelo.

El uso de pesticidas contra parásitos y hongos debe de aplicarse en tiempos de crisis botánicas.

EL CLIMA:

No abarca solamente el aspecto meteorológico. En Viticultura el término Clima se relaciona a un área atmosférica uniforme, ideal para el cultivo de la viña, combinada con el importante factor geológico: el Suelo. Muchos terrenos de viñedo se benefician de climas perfectos debido a la protección de condiciones atmosféricas de gran estabilidad, sin embargo, existen también una gran proliferación de Microclimas aislados que protegen áreas menores de viñedo, de producción vinícola más baja. Los factores integrantes relacionados al cultivo de la vid son:
Temperatura - Lluvia - Luz Solar - Viento - Proximidad de Agua
Elevación Topográfica - Paisaje del Terreno
Podemos encontrar todas ó la mayoría de estas características alrededor del Planeta, al Norte y Sur del Ecuador, entre los Paralelos 30 y 50 del Globo Terráqueo, donde el Clima Moderado reina consistentemente. La uva verde se desarrolla mejor en climas frescos mientras que la roja/tinta necesita un medio ambiente más cálido.

¿ES NECESARIO UN TIPO ESPECIAL DE TERRENO PARA EL CULTIVO DE LA VIÑA?

Si. Un terreno profundo, de buena filtración y bajo en nutrientes, protegido por un clima adecuado, con ausencia de lluvia durante la época de la cosecha (Septiembre/Octubre), es definitivamente la combinación perfecta para el cultivo de la vid. Un terreno que goce de estas característica se le llama Terroir en francés, término adoptado universalmente en viticultura para definir la ecuación clima + suelo, que resulta en las condiciones ideales para la producción del Vino.
Para la reproducción de la viña no se utilizan simientes o semillas, sino cortes ó Esquejes fuertes y sanos de las plantas previas, replantados profundamente para lograr raíces firmes. También es recomendable injertar dichos esquejes en raíces de otras viñas ya existentes.

EL DESARROLLO ANUAL DEL VIÑEDO.

Una vez cosechada la uva y el suelo ha sido saneado y fertilizado, en los meses de invierno se lleva a cabo la Poda, cortando la parte superior de la planta, seleccionando los esquejes más fuertes y sanos para el replante. Paralelamente, el mosto resultante de la cosecha anterior es transferido para su reposo a las cubas madres, lillas barricas de gran volumen ya curadas por largos años. Durante la segunda mitad de Febrero y la primera de Marzo se procede al muy necesitado arado de los campos. Abril y Mayo son los meses en que, una vez más, el terroir se limpia y sanea, siendo también la época del año en que es Nuevo Vino se transfiere otra vez para ser alojado en Barriles de Roble limpios ó nuevos.

Un buen número de vinicultores confeccionan sus propios barriles con madera de roble nuevo francés ó americano circundado con anillos de cobre.

La viña comienza a desarrollar sus racimos en la primera semana de Junio bajo una temperatura de 54 a 60 grados Fahrenheit. Cuanta más alta es la temperatura más rápido es el crecimiento del follaje. Los esquejes más crecidos se riegan ligeramente y se les amarra con alambre a las estacas que mantienen derecha la estructura del viñedo. Julio es el mes de vigilancia en el que, si es necesario, se aplican los elementos químicos apropiados para asegurar la buena salud de la planta. Sin embargo, si se emprende el proceso orgánico, la química debe estar ausente totalmente.

En Agosto las uvas comienzan a cambiar sus colores, dándonos a entender que el proceso de madurez ya está próximo. Ahora es el momento de la erradicación profunda de posibles hierbas malignas. Llegando la tercera semana de Septiembre y los primeros días de Octubre comienza la cosecha ó la Vendimia, cerrando así el ciclo que nos dio la Madre Naturaleza y fue perfeccionado por la mano del Hombre.

EL CONSUMIDOR:

En la actualidad 38% de la población adulta de Estados Unidos es consumidora de vino a diferentes niveles. El Instituto del Vino de Napa (California) ha presentado este año el Consumer Profile System (Sistema del Estilo del Consumidor) investigando 3,500 residentes de Estados Unidos. Este programa describió las siguientes 5 categorías:

Los Caseros: Son típicamente padres de familia entre las edades de 35 y 65 años, viviendo en los suburbios. Gozan bebiendo vino en casa por lo menos 3 días a la semana y salen a comer afuera 2 días a la semana, gastándose un promedio anual de $22,000 a $34,000 visitando restaurantes. Estos representan un 36% de la población de consumidores de vino. Sus vinos favoritos son los de Italia, Australia, U.S.A., España y Latino Americanos de buena marca.

Los Conocedores Aventureros: Muy envueltos en el Mundo del Vino y consumidores sofisticados. La mayoría son solteros o divorciados entre los 28 y los 45 años. Del tipo Ejecutivo de Empresa, cazadores de buenos años de cosecha, lectores de artículos y revistas de Vino y relacionados a los grupos de altos ingresos de las grandes ciudades. Salen a visitar restaurantes 3 días a la semana. Su promedio de gasto es de $35,000 a 75,000 anuales y representan un 20% de los consumidores de Vino. Bebedores de Champagne, vino Francés, California de marca, Gran Reservas españoles y Oportos finos.

Los Cazadores Sociales de Gangas: Frecuentes bebedores de Vino siempre al tanto de precios y promociones. Padres de jóvenes adolescentes que gustan salir a comer y tienen un mediano interés en consumir Vino. Su gasto anual es de &18,000 a 25,000.

Consumen Vino de un gran número de países, siendo sus favoritos los de California de precio razonable.

Se encuentran entre el 14% de los consumidores.

Los Semanales: Solteros, entre los 18 y 30 años de edad. Beben Vino una vez por semana o menos, visitando un restaurant una ó dos veces al mes gastando entre $12,000 y $16,000 anuales. Precio es el factor más importante para ellos y normalmente consumen vinos Australianos y Latino Americanos de bajo costo. Estos representan un 18% de bebedores de Vino.

Los Conservadores Frugales: Solamente un 12% corresponden a esta categoría. Son grupos de ingresos bajos que raramente visitan un restaurant. Su promedio de gasto es de $6.00 a $7.00 por botella.

¿COMO LIBERAR LAS ÓPTIMAS CARACTERISTICAS DEL VINO?

Sugerencias y recomendaciones para crear una Vinoteca en su casa

El mundo del Vino es complejo y está compuesto por una larga variedad de elementos. Aparte de las reglas básicas de cultivo, fermentación, embotellamiento y añejamiento, se han ido descubriendo, en los trescientos y pico de años transcurridos desde la aparición de la Botella en la Industria, un sinfín de detalles para realzar al máximo el bouquet y el aroma del vino. Almacenamiento horizontal, temperaturas ideales, ausencia de luz, ruido y vibraciones son solamente algunos de los requisitos necesarios para mantener optimas las características y propiedades del vino. En 1756 Johann Riedel, procedente de Bohemia, diseñador y manufacturero de accesorios de mesa del más fino cristal y un innovador en esta pujante industria, lanzo al mercado una línea de copas especialmente destinadas a "liberar el alma" del vino. Su premisa, un mínimo grosor del cristal con diferentes y esbeltos diseños que permitiera a los caldos una respiración lenta o larga, según el tipo de vino y un aroma dirigido vertical o lateralmente a los diferentes puntos más sensitivos de la boca, acrecentando su impacto en el paladar.

A través de generaciones la familia Reidel ha perfeccionado e incrementado sus diseños que actualmente abarcan todas las variedades de vinos. En cuanto a los "espíritus" han revolucionado también los diseños convencionales para poder apreciarlos al máximo. La abierta y esférica copa tradicional para cognacs de linaje, como V.S.O.P. y X.O. han sido también modificadas. Georg Reidel, actual heredero y propietario de la fábrica creo copas más pequeñas con superficie más cerrada para que la evaporación del alcohol fuera más lenta y no pudiera restarle carácter a un Gran Gognac. Este es un primer paso para los amantes del vino que se recrean copeando y acompañando sus comidas con el ineludible néctar que idóneamente debe de beberse en la copa diseñada para su estilo.

La Revista Selecta está dedicada este mes al tema del Hogar, nuestro Castillo. Pueden empezar una vinoteca en su casa siguiendo estas recomendaciones de vinos de diferentes procedencias y costo razonable:

FRANCIA
Champagne: Lanson Brut, Reims.
Burdeos Blanco: Graves, Barón Philippe de Rothschild – Mouton Cadet Barón.
Burdeos Tinto: Mouton Cadet Barón – Château La Cardonne-Rothschild.
Borgoña Blanco: Macon-Villages (Casa Vincent) – Pouilly Fuisse (Casa Château Fuisse).
Borgoña Tinto: Pinot Noir (Casa Bouchard)–Gevrey-Chambertin (Casa Louis Latour). **Beaujolais:** Beaujolais Village y Brouilly (George Dubeuf).
Rosado: Tavel Rose (Domaine Longeval) – Rose D'Anjou (Cotes de Provence).

ESPAÑA
Blancos: Marqués de Riscal (Sauvignon Blanc)-Albarino (Lagar de Cervera) Gran Vina Sol (Casa Torres).
Rioja Tinto: Campo Viejo Reserva – Marqués de Riscal Gran Reserva – Montecillo Gran Reserva.
Ribera del Duero Tinto: Condado de Haza (Pesquera).
Castilla Tinto: Solaz (Casa Osborne).
ITALIA- Blancos: Pinot Grigio (Santa Margherita) Verdicchio Classico (Bucci)
Tintos: Colleccion Sassicaia (Toscana) – Chianti Riserva Ducale (Ruffino).

U.S.A.

Blancos: Arrowood Grand Archer Chardonnay (Sonoma). Frei Brothers Reserve Chardonnay (Sonoma). Meridian Pinot Grigio (California) Geyser Peak Sauvignon Blanc (California). **Tintos:** Robert Mondavi Merlot (Napa). Rodney Strong Merlot (Napa).Forest Glen Cabernet Sauvignon (California).Ironstone Cabernet Sauvignon (California Con esta variedad de vinos, felicidad y alegría reinaran en su casa. Salud!

LOS VINOS MÁS POPULARES
Siempre sosteniendo la copa por el tallo al catarlos

BLANCOS

CHAMPAGNE: El nombre mismo de este vino nos trae a la mente evocación de celebraciones, romance y ocasiones especiales. Su composición se basa en CHARDONNA y - 26%, PINOT NOIR - 37%, PINOT MEUNIER - 37%. Existen 3 estilos: Non Vintage: Una experta mezcla de vinos blancos de diferentes años de cosecha. Grand Cru: De uvas de la más alta clase cultivadas en el 17% de los terrenos destinados a la producción de Champagne. Premier Cru: Cubriendo un 44 % de la superficie de cultivo de uvas superiores. Ideal solo para el brindis y un gran acompañante de todo tipo de cocina.

SAUVIGNON BLANC: Variedad de Francia: Un vino blanco seco que ofrece distintivos sabores de frutas cítricas, melón, higo y hierbas de olor. Sauvignon Blanc también presenta cremosos sabores de vainilla y especias al depositarlo en los barriles de roble. De un cuerpo liviano se recomienda en especial con pescado azul, todo marisco, vegetales a la parrilla y pollo al horno.

CHARDONNAY: Esta variedad francesa produce vinos secos y medio-secos con aromas y sabores de pera, manzana, frutas tropicales y cítricas, con tendencia a una gran frescura. Es el vino más popular de todos, blanco o tinto en América, que cuenta con decenas de miles de acres de terreno de cultivo, principalmente en California. La madera de roble de los barriles ayuda grandemente al añejamiento. Magnífico con pescados y mariscos, aperitivos ligeros, carnes blancas ahumadas, salsas cremosas, pollo a la parrilla, lomo de cerdo rostizado y ternera.

PINOT GRIGIO / PINOT GRIS: El blanco más popular en Italia actualmente. Pinot Gris es su versión de esta variedad en Francia. Un vino crujiente y fresco Con aromas y sabores de pera, manzana, limón acompañados de gran mineralidad. De cuerpo ligero y crujiente con amplios sabores frutales. Gran acompañante de Los mariscos, quiche, aves, carnes blancas y pateo.

ALBARIÑO: Variedad de alta calidad procedente de Galicia (España) y Portugal. Produce vinos cremosos con complejos sabores de melocotón, albaricoque y frutas cítricas. Es el vino blanco de más alto precio en el mercado de España y Portugal. Suculento con pescados y mariscos frescos.

RIESLING: Esta variedad está considerada como la más prestigiada de Alemania. De ligero dulzor con aromas florales, y sabores de albaricoque, miel, melocotón y piña. Los dulces se recomiendan con aperitivos y postres, mientras que los medio dulces son gran acompañantes de quesos surtidos, cocina oriental, aves y mariscos.

TINTOS

SAINT EMILION: La más bella región y mayor productora de vino de Bordeaux. Un vino elegante, altamente concentrado de gran cuerpo. Las viñas se cultivaron en Saint Emilio desde los tiempos del Imperio Romano. Sus vinos son medianamente tánicos y, generalmente, portadores de gran sabor frutal. Sus dos grandes regiones están clasificadas como Grand Cru Classé y Premier Grand Cru Classé, grabadas en la etiqueta. Se recomienda en particular las marcas Chaval Blanc, Careaos Asoné y Chateaos Ángelus, las más sofisticadas en el Mercado. En general sus vinos aportan aromas y sabores de casis puro, ciruela roja madura, cereza y especias. El mejor con las carnes rojas asadas y quesos fuertes.

CABERNET SAUVIGNON: El Rey de las variedades de Vino Tinto y la más Elegante. Es la uva de más importancia de Bordeaux (Francia) y la más apreciada en California. Este intenso vino nos ofrece aromas y sabores de fruta oscura, grosella negra, ciruela, uva pasa, maderas de roble y cedro, ahumado, vainilla, especias, chocolate, café, tabaco y hierbas silvestres. Sus estilos oscilan entre un vino fácil de beber, altamente afrutado y un vino intenso, complejo y denso con firmes taninos. Se considera uno de los vinos que invitan a un largo añejamiento. Se recomienda con toda clase de asados y estofados de carnes rojas. Ideal con los quesos fuertes y pastas en general.

MERLOT: Este vino, también del área de Bordeaux, ha capturado la atención del consumidor diario. Es refinado y elegante con una gran complejidad, siendo en la actualidad el vino tinto más popular en el Mercado Internacional. Sus aromas y sabores halagan los sentidos con su espíritu de fruta roja, cereza, fresa, frambuesa, zarzamora, maderas de roble y cedro, ahumado, vainilla, especias, chocolate, café, tabaco y hierbas silvestres. Tiene una gran similitud con el Cabernet Sauvignon, pero es de cuerpo y taninos más ligeros. Magnífico acompañando aperitivos, quesos suaves, sea, cordero, pato y caza menor.

PINOT NOIR: Este es reconocido por el máximo refinamiento y compleja elegancia de los vinos de Bourgogne. Pinot Noir prospera al máximo en áreas climáticas frescas como la Cóte d'Or, norte de California y Oregón en Estados Unidos. Sus aromas y sabores presentan fruta roja, cereza, fresa, frambuesa, vainilla, café, tabaco, especias y hierbas silvestres. Recomendado con aperitivos, quesos suaves, salmón, caza mayor y menor, carne de cerdo y de ternera.

SYRAH (Francia) - SHlRAZ (Australia): Una variedad relativamente fácil de Cultivar. Produce vinos amables de gran suavidad e intensidad de buen cuerpo. Procedente del Valle del Rohn francés esta variedad se da magistralmente en el Estado de Washington (USA) y en Australia, país en que la industria vinícola lo denominó SHIRAZ convirtiéndose en uno de los más consumidos en el mundo. Su aroma y sabor se centran en esencias de cereza, zarzamora, ciruela y uva pasa. Ideal con los aperitivos, quesos ligeros, cordero y venado.

SANGIOVESE: Alma del Chianti, variedad orgullo de Italia. A través de toda La Toscana, Sangiovese produce vinos crujientes y vívidos de suaves y maduros taninos. Aromas y sabores de fruta roja fresca resaltan en sus vinos y, los de más alta calidad, denotan complejos sabores de tabaco y café. El gran Chianti apadrina magníficamente la tradicional Cocina Italiana como los platos con salsa de tomate, pastas, y quesos.

TEMPRANILLO: La variedad Tempranillo es tan importante para España como la Cabernet Sauvignon a Francia. Los grandes vinos tintos de Rioja y Ribera del Duero están basados en esta variedad. Esta versátil uva presenta intensos sabores de cereza y fresas maduras y firmes taninos que le confieren una gran complejidad al vino. Añadamos también rasgos de cuero, y suelo de cultivo. Combina de maravilla con la fruta fresca, asados, estofados y toda variedad de quesos.

MALBEC: Originalmente una popular uva para mezclas de alta calidad, fue llevada a Argentina donde encontró un suelo y clima ideal, convirtiéndose en la uva oficial del país. En la actualidad Malbec es el vino tinto más consumido en USA. Muchas de las frutas oscuras con toques florales de violeta y roble tostado se presentan en este gran vino. Altamente recomendado con carnes rojas a la parrilla, asados y toda clase de queso fuerte.

VINOS GENEROSOS Y OLOROSOS

OPORTO: Su nombre se deriva de la ciudad portuguesa del mismo nombre. Por cientos de años ha sido el vino más popular mundialmente por su divino dulzor y suavidad. Ideal como "vino de copeo" al tomarse solo o con los postres, dulces y confitería en general.

JEREZ: Conocido internacionalmente con el nombre de Sherry, se produce exclusivamente en la ciudad de región de Andalucía, honrando el nombre de su ciudad, Jerez. Existen dos estilos de producción: El SECO, para "copeo" acompañando toda clase de aperitivos y el DULCE, formidable con postres, dulces y confitería.

JOHN MARTIN

ADMINISTRADOR DE ALIMENTOS Y BEBIDAS - AUTOR - EDITOR

Nacido en Los Ángeles (California) y criado en Madrid (España) desde una temprana edad.

Ingresa, una vez terminado los estudios de Bachillerato, en la Facultad de Derecho de Madrid con la intención de ganar las Oposiciones a Diplomacia, una vez licenciado en la carrera. Sin embargo, a la mitad de sus estudios, emprende un viaje a París buscando con afán otros horizontes, ya que la situación académica española no prometía un futuro brillante. En breve tiempo, fascinado por el mundo de la Hostelería, recorre varias capitales, París, Niza y Epernay, famosa por la producción de Champagne, completando las prácticas más avanzadas de Alimentos y Bebidas en el Negocio Hotelero.

Subsecuentemente se traslada a Estados Unidos contribuyendo con la experiencia ganada a las operaciones de Alimentos y Bebidas de algunos de los más prestigiosos hoteles de Estados Unidos. El Hotel *Century Plaza* (Los Ángeles), *Mark Hopkins* (San Francisco), *Las Vegas Hilton* (Las Vegas), *Hotel Fontainebleau* y *Doral Beach* (Miami Beach), *Private Clubs of América* (South Florida) y restaurantes de gran clase que se benefician de sus conocimientos como Director de Operaciones. Por los últimos ocho años se dedica con afán a la Consultoría en Dirección de Alimentos & Bebidas. Su calidad de motivador, su dominio del español, su lengua madre, Inglés, francés e italiano y el conocimiento de la cibernética lo hace un educador nato.

Prensa, radio y televisión requieren su asesoría frecuentemente y, por más de 17 años funge como Editor de Vinos y Licores de **«SELECTA» Magazine** (en español) y, recientemente, **«CASALIFE» Magazine** (en inglés), consideradas como unas de las más relevantes revistas« *life-style»* y socio-culturales hispana y *anglo* en Estados Unidos, América Latina y El Caribe.

Indice

www.ingramcontent.com/pod-product-compliance
Lightning Source LLC
Chambersburg PA
CBHW081154270326
41930CB00014B/3149